FLEUR D'ALYS

Données de catalogage avant publication

Beaunoyer, Jean
    Fleur d'Alys
    ISBN 2-7609-5133-2
    1. Robi, Alys, 1923-   . 2. Chanteuses – Québec (Province) –
    Biographies. 3. Artistes interprètes – Québec (Province) –
    Biographies. I. Titre.
ML420.R62B32 1994 782.42164'092 C94-941506-5

Couverture : Photographie de Alys Robi en 1947 par Bruno Hollywood N.Y.C.

La citation qui apparaît aux pages 132-133 provient de l'ouvrage *Un long cri dans la nuit*, écrit par Alys Robi et publié aux éditions Édimag Inc. de Montréal en 1990.

ISBN 2-7609-5133-2

© Copyright Ottawa 1994 par Leméac Éditeur Inc.
1124, rue Marie-Anne Est, Montréal (Québec) H2J 2B7
Dépôt légal – Bibliothèque nationale du Québec, 4ᵉ trimestre 1994

Imprimé au Canada

Jean Beaunoyer

FLEUR D'ALYS

LEMÉAC

C'était soir d'Halloween. Ça ne pouvait être qu'un soir d'Halloween alors que la magie de cette nuit changeait la face du monde, libérait les personnages cachés depuis trop longtemps en nous et nous redonnait la liberté de l'enfance. Comme une licence que Montréal se donnait pendant que les visages se glissaient sous les masques et que la ville se couvrait de mystères. Pourquoi ai-je rencontré Alys Robi, pour la première fois, un soir d'Halloween ? Je ne sais pas, mais ce n'est sûrement pas tout à fait par hasard. Comme si le destin avait voulu me faire voir l'autre côté de la vie. Comme s'il s'était joué des apparences en nous entraînant dans un bar inquiétant, un bar sans nom, presque effacé parmi les restaurants et les boutiques de la rue Amherst.

Madame Robi semblait tout à son aise dans ce petit établissement au style composite : peut-être rococo, hawaïen, baroque, avec des tapisseries fleuries, des images d'océan et de piscines floridiennes curieusement agencées, avec des statuettes grecques d'ivoire ou de plastique blanc... Peut-être un style décadent, un « Bagdad Café » à l'eau de rose et aux planchers vernis, mais une atmosphère de famille, avec la chaleur des maisons de campagne et la parenté qui vous accueille à la porte. Le bar grouillait de monde et on fêtait joyeusement l'Halloween.

« C'est ici que j'ai recommencé à chanter », me dit cérémonieusement Alys Robi, comme si elle voulait boucler la boucle, repasser par sa jeunesse et ouvrir la première page de sa biographie. Elle avait tout compris : ce soir-là, j'allais à mon tour ouvrir la première page de sa vie et je ne le savais pas encore.

Installé à une table dans le fond de la petite salle, j'épiais autant l'artiste que son milieu. Et pour l'instant, ce milieu me paraissait étrange. Beaucoup trop de femmes qui s'enlaçaient sur la piste, trop bien habillées, trop corpulentes. Quand j'aperçus quelques moustaches sous le fort maquillage, j'ai compris que je me trouvais dans un club gay, le dernier refuge d'Alys Robi. En ce soir d'Halloween, tout semblait basculer et j'entrais dans ce monde fellinien en me laissant emporter par la fête.

Alys se dirigea rapidement vers le piano et signifia au pianiste qu'elle était prête à s'exécuter. Je revois encore la scène : elle tenait de sa main droite le micro et de sa main gauche un sac qui contenait ses bottes. Sans avoir pris le temps d'enlever son manteau, elle attaqua les premières mesures de Over the rainbow.

C'était la première fois que j'entendais chanter Alys Robi. La fête se poursuivait dans la salle et je ne comprenais pas les paroles de sa chanson qui perçaient difficilement à travers les murmures des danseurs. Qu'on se taise ! Silence ! Cette femme de 70 ans a quelque chose de troublant dans la voix et les bruits tout autour m'exaspèrent...

Mais, en ce soir de magie, tout est possible. Et subitement les murmures disparaissent : je n'entends plus qu'Alys Robi quand elle chante Summertime. C'est la chanson que je préfère entre toutes et j'ai l'impression très nette qu'elle la chante pour moi, rien que pour moi. Je serai seul à entendre et à voir toute une vie dans une chanson. Toute une vie. Et quelle vie !

Summertime and the living is easy...

Summertime, *c'est l'enfance de l'Amérique. C'est l'enfance d'Alice Robitaille, née à Québec, et l'été de sa vie sur les Plaines d'Abraham. C'est le grand frère Paul-Émile qui lui dit : « The sky is the limit, ma petite Alice ». Elle le croira toute sa vie.*

Summertime, *c'est le cri, le déchirement des nègres noirs, rouges, jaunes et blancs d'Amérique. Alice est nègre de son internement de cinq ans à l'hôpital, nègre de son isolement et, ce soir, elle ne chante plus, elle prie. J'ai compris, ce soir-là, que son chant, sa carrière, n'avaient été, en fait, qu'une longue prière.*

Fish are jumping and the cotton is high...

Les espaces sont aussi vastes que les promesses de l'Amérique. Montréal, New York, Hollywood, Mexico, Toronto à quelques heures d'avion. Du coton, des fleurs, l'océan, du champagne, des bravos et toujours de l'espace jusqu'aux étoiles. « Vas-y, Alys Robi ; t'es capable, Alys ! » Nous prions tous pour toi dans nos petites villes froides, ensevelies sous la neige et les complexes à l'autre bout de l'Amérique.

One of these mornin's you're goin' to rise up singin'.
Then you'll spread your wings and take the sky...

Un oiseau venu du nord qui a voulu chanter l'Amérique au monde entier. Un oiseau fragile qui étendait ses ailes et qui volait si haut que nos têtes penchées ne pouvaient plus l'apercevoir. L'oiseau si beau se perdit dans la tempête et quand on le retrouva, on lui coupa les ailes.

9

So hush little baby, don't you cry...

La musique de Gershwin pénètre l'âme de l'Amérique et les paroles de DuBose Heyward et Ira Gershwin s'enfoncent jusqu'aux racines du continent. Alys Robi n'a plus d'âge, il n'y a plus d'automne, plus de cabaret chimérique et le rythme de sa chanson épouse soudain le rythme de sa vie. Il n'y a plus qu'une petite fille qui chante dans une petite maison de la basse-ville de Québec et j'arrête mon cinéma sur cette image. Stop! Dissipez-vous sorcières et complices de la nuit des mystères! Enlevez vos masques et vos apparats, la fête est finie et la « vraie » vie va reprendre sa place. Laissez-moi juste le pouvoir de franchir la barrière du temps et de raconter, depuis le tout début, l'histoire d'un rêve brisé qui est peut-être notre histoire, si l'on veut bien, à notre tour, enlever nos masques.

1
L'ENFANT PRODIGE

Cette petite fille nous ramène aux années 1920, dans la basse-ville de Québec. C'est là qu'il faut ouvrir la première page de la vie d'Alice Robitaille. On a dansé, célébré, pleuré les années 1920 parce qu'elles nous rappellent les Années folles, le charleston, l'émergence des grandes métropoles (le film *Metropolis* de Fritz Lang en témoigne de façon spectaculaire), la démesure des sociétés industrielles d'après-guerre mais aussi la grande crise qui en a résulté. Le capitalisme pur et dur allait provoquer le désenchantement des investisseurs autant que celui des ouvriers lors du krach du 24 octobre 1929, ce « jeudi noir » au cours duquel la Bourse de New York s'est effondrée. On a par la suite mis en place des mesures sociales : des budgets spéciaux ont été débloqués pour secourir les victimes de la crise et du chômage qui en découlait. On a procédé à la mise en place de ces secours bien timidement, comme si les gouvernements découvraient subitement que la misère existait et découvraient en même temps qu'ils devaient s'en occuper.

Dans la basse-ville de Québec, composée d'ouvriers et de gagne-petit, on vivait cette misère comme partout au Québec. Le taux de chômage dépassait les 25 % à la fin des années 1920 et atteignait 26,4 % en 1932, un sommet dans l'histoire du Québec. Bon nombre de familles devaient espérer l'aide du Secours direct, l'ancêtre du Bien-être social que l'on connaît aujourd'hui, et faisaient la file à la soupe populaire. Cette loi «fédérale» de l'aide aux chômeurs, votée en 1931, prévoyait les « secours directs » pour l'alimentation, l'habillement, le combustible et le logement. Rien de plus. On ne parlera de l'assurance sociale qu'en 1962 et de l'assurance-maladie que plus tard : elle sera adoptée et mise en vigueur sous le gouvernement de Robert Bourassa, en 1970.

À la fin des années 1920, on en était à la stricte survie et il nous semble incroyable d'apprendre aujourd'hui que des gens démunis des quartiers Saint-Malo et Saint-Sauveur laissaient mourir un enfant chéri parce qu'ils ne disposaient pas du dollar et demi que coûtait la visite d'un médecin à domicile. Et quand on frappait à la porte, là comme ailleurs, c'était souvent un ami, un voisin, un concitoyen transformé en mendiant qui venait quêter un morceau de pain ou des restes de repas pour ne pas mourir de faim. Comme on avait bien peu de nourriture, on donnait un morceau et le mendiant faisait le tour de la paroisse pour se constituer un semblant de repas. Cette misère générale, qui surprit tout le monde, créait des liens solides entre les membres d'une même famille ou d'une même communauté.

Dans le quartier Saint-Sauveur où naquit Alice Robitaille, le 3 février 1923, les familles étaient souvent nombreuses et bravaient constamment le mauvais sort. Les gens de Saint-Sauveur et de la basse-ville de Québec étaient croyants et fiers comme l'ont toujours été les gens de Québec. Et puis, ils espéraient, ils rêvaient en levant la tête et en regardant les bourgeois de la haute-ville. Dans la basse-ville, chacun avait dans ses rêves quelques marches à monter pour atteindre le sommet. Parfois ils y parvenaient. L'écrivain Roger Lemelin, qui a vécu son enfance tout près de celle d'Alice, rue Morin, y est parvenu, car il avait du cran et de l'ambition. Il était fait de la même étoffe que celle qui allait devenir un jour la grande Alys Robi.

Dans le quartier de maisons de bois longeant la rue Morin, les gens se connaissaient, s'aimaient, s'entraidaient à tout le moins et affichaient une belle sérénité malgré la modestie de leurs biens. Comme si Dieu avait donné plus de courage aux pauvres.

Mais ils n'étaient pas tous des saints à Saint-Sauveur, même si bon nombre aspiraient à le devenir en cette époque de grande ferveur religieuse. À la fin des années 1940, Albert Guay, un voisin de Roger Lemelin et de la famille Robitaille, fera exploser l'avion qui transportait son épouse. La nouvelle fit le tour de l'Amérique, et Roger Lemelin s'en inspira pour écrire le roman et le scénario du film *Le crime d'Ovide Plouffe*. Parce que la basse-ville de Québec, c'est le petit monde des Plouffe, le « pied de la pente douce » décrit avec beaucoup de chaleur par Lemelin.

C'est dans ce milieu qu'a grandi Alice Robitaille. Une première enfance bercée par la musique de sa mère, Albertine née Dusseault, qui a épousé, en 1916, à l'église Saint-Jean-Baptiste de Québec, Napoléon Robitaille, l'aîné d'une famille de treize enfants. Cette femme discrète, presque effacée, méticuleuse dans tout ce qu'elle entreprenait, s'évadait de ses tâches domestiques en chantant à l'église. Sa voix de *collorature*, remarquable et inspirée, charmait le curé de la paroisse Saint-Jean-Baptiste, qui lui avait accordé la place de soliste lors des grandes cérémonies religieuses. Quand Albertine Robitaille se faisait entendre à l'église, on eut dit un chant de sainteté. Alice entendit souvent ce chant à la maison : elle ne pouvait s'endormir sans entendre la voix de sa mère. On raconte qu'Alice, avant de parler, apprit à chanter en écoutant les berceuses si douces d'Albertine, qui aurait pu faire une carrière de cantatrice.

Albertine y avait déjà pensé. Mais quelle folie! Quelle audace pour une jeune fille des années 1920 que de songer à une carrière artistique! Et elle n'avait pas cette audace, cette témérité qui font les grands artistes. Et puis, elle était amoureuse de ce brave Napoléon, un homme solide, vaillant et secret qui entretenait des rêves et des projets qu'elle ne comprenait pas toujours mais qu'elle finissait par favoriser.

Le couple eut la douleur de perdre son premier enfant, Fernande, emportée par la grippe espagnole en 1918 à l'âge d'un an et demi. Cet automne-là, plus de treize mille Québécois moururent de cette maladie propagée par les soldats qui revenaient de la guerre. Le couple perdit également des jumelles lors d'un incendie qui détruisit leur premier logement et brûla le peu de biens qu'ils avaient. Un début difficile dans la vie.

Quelle foi en Dieu et en son Église devaient avoir ces gens pour ne «jamais refuser la famille» par peur du péché mortel et de courir le risque encore de dangereux accouchements! Albertine donna donc naissance à Marguerite, l'aînée, Jeannette, Paul-Émile et, cinq ans plus tard, à Alice. Lorsque Albertine accouchera une dernière fois en 1928 pour donner naissance à Gérard, elle y laissera presque sa vie. Elle avait quarante ans.

Albertine chantait et chantera toujours, jusqu'à sa mort survenue à l'âge de quatre-vingt-dix ans. Chansons populaires et chants classiques, religieux et naïfs. Chansons qui donnent du courage et qui adoucissent les temps difficiles.

Ce courage semble héréditaire chez les Robitaille, justement, ainsi qu'une grande résistance à toute épreuve. À toutes les épreuves. Et Dieu sait qu'il y en a eu chez les Robitaille.

Je reviens à cette présence quotidienne du chant parce qu'elle témoigne d'une grande résignation de cette génération qui assumait sa misère et qui en faisait son pain quotidien. Alice fait ses premiers pas dans les années 1920 et grandit dans un monde qui subit la fatalité, qui ne croit pas au Ciel sur Terre, et qui survit, littéralement. Et, comme pour beaucoup de ses concitoyens, la famille Robitaille *survit* dans cette petite misère provinciale des années 1920.

Napoléon est cordonnier au début de son mariage, puis il devient pompier. Maintenant qu'il a cinq enfants à nourrir, il constate que son salaire de 12$ par semaine comme préposé au Service des Incendies de la ville ne suffit plus. La famille ne manque pourtant de rien d'essentiel et Napoléon s'estime chanceux d'avoir du travail en ces temps difficiles. Mais il pense à l'avenir, aux enfants qui vont grandir, il s'inquiète et trouve difficilement le sommeil. Le soir, il ne peut s'endormir sans avoir écouté une heure de musique classique à la radio. Comme un rite essentiel qui lui permet d'évacuer de sa tête les tracas et les inquiétudes de la journée. Période d'évasion où il donne libre cours à ses rêves, à ses projets, à ses châteaux en Espagne qu'il bâtit et détruit à sa guise. C'est pendant ces moments-là qu'il a sans doute songé à devenir lutteur en plus de son travail régulier, afin d'arrondir ses fins de mois.

Et pourquoi pas? Il était fort, courageux, en pleine santé mais... petit. C'est justement cette petite taille qui tracassait Albertine. La pauvre femme craignait le pire en imaginant son mari malmené par les géants de l'arène. Napoléon faisait à peine cinq pieds huit pouces, et ne pesait que 165 livres, mais il était prêt à relever le défi pour se sortir de la misère et du petit quotidien. De plus, c'est un homme qui a le sens du spectacle. Son frère Lucien travaillait dans un cirque et il y a tout lieu de croire que Napoléon a souvent envié cette vie d'aventures et de performances devant des foules complices. Sur son camion de pompier, Napoléon attirait déjà l'attention en étant le plus brave et le plus audacieux des sapeurs. Il portait secours aux victimes d'incendie, il discutait avec les curieux, il prenait des risques sans ménager ses efforts. Après une période d'apprentissage et d'entraînement vigoureux avec des lutteurs de la trempe de Victor De Lamarre, des frères Samson, de Levasseur, Napoléon devient Polo Robitaille et entreprend une carrière de lutteur, combattant les fins de semaine dans les arénas locaux et les stades des environs. En peu de temps, il devient le héros du quartier.

Alice était fascinée par cet homme. Avant de séduire les foules comme elle le fera si bien plus tard, elle voulut séduire d'abord, le premier homme de sa vie, son père, si vous me permettez cette interprétation freudienne de la première manifestation publique de la toute petite Alice, qui eut lieu lors d'un spectacle présenté au théâtre Princesse. Napoléon avait amené sa famille voir une revue musicale très courue cette année-là à Québec. Fascinée par la musique et la danse, la petite Alice, âgée de quatre ans, ne tenait pas en place. Son père tenta de la calmer en l'assoyant sur ses genoux pendant qu'une troupe de danseurs exécutait un charleston endiablé. Alice s'échappa finalement et courut jusqu'à l'estrade. Napoléon n'eut jamais le temps de la rattraper et la petite était déjà sur scène, dansant le charleston avec la troupe. Le gérant de l'établissement, Harold Vance, bondit de son siège pour ordonner à un de ses employés d'aller chasser la petite intruse ; mais il se ravisa lorsqu'il entendit les spectateurs scander de plus en plus fort : « Danse ! petite fille, danse ! » Alice était émerveillée, déchaînée, et dans la salle on se laissait attendrir par sa fraîcheur et son aplomb. La fillette était mignonne avec ses yeux noisette, son visage d'ange et, déjà, ce sourire espiègle qui dessinait deux fossettes. Quand elle quitta les planches, on l'applaudit à tout rompre. Harold Vance regarda la petite fille reprendre sa place auprès de ses parents et se dirigea tout droit vers Napoléon : « J'aimerais vous dire deux mots, cher monsieur ! »

Harold Vance demanda au père la permission d'engager sa fille durant les fins de semaine. Que ferait-elle ? Rien d'autre que danser ! Napoléon était médusé. L'un de ses rêves prenait forme. Alice avait réussi son grand coup de séduction auprès de son père. Voilà pour Freud ! La séduction des foules et l'ivresse des premiers applaudissements qui allaient suivre rapidement, voilà une pulsion puissante qui allait marquer une enfant particulièrement douée, une artiste-née dira-t-on plus tard. Pour l'instant, Alice s'amuse plus que jamais et veut revenir le plus vite possible sur scène.

Napoléon rentra heureux chez lui, ce soir-là, avec plein d'idées en tête. Il avait encore peine à croire ce qu'il avait vu.

— T'as vu, Bertine ? On finissait pas de l'applaudir... Elle les a mis dans sa poche, la p'tite, disait-il à sa femme qui rangeait la cuisine.

— Voyons, mon mari ! Ce n'est qu'une enfant de quatre ans qui ne connaît rien de ce monde-là. T'as pas l'idée d'en faire une artiste à son âge ? Elle n'a pas encore commencé l'école et c'est ça qui est important, mon loup : je veux que ma fille soit instruite plus tard.

— Mais t'as entendu monsieur Vance ! Il veut l'engager, la p'tite. Il m'a dit qu'elle avait quelque chose de spécial.

— On verra...

C'était tout vu. Dans ces années, le père de famille canadien-français était maître après Dieu dans sa maison. La société accordait à peu près tous les droits aux hommes alors que les femmes n'intervenaient généralement que pour le bien-être, la santé et l'éducation des enfants. Les femmes qui n'étaient pas « casées », qui n'avaient pas un mari qu'elles devaient supporter pour le meilleur et pour le pire toute leur vie, n'avaient que peu d'alternatives : devenir religieuse, infirmière dans un hôpital, ou institutrice et quoi d'autre... Penser à une carrière artistique était particulièrement incongru. Mais Napoléon y pensa sérieusement. Il avait déjà élaboré un plan d'action pour la formation de sa fille avec la ferme intention d'en faire une artiste, enfin « l'artiste de la famille ».

Ainsi commença une série de cours très variés qui semblaient plaire à l'enfant. À quatre ans, Alice se rendait quotidiennement à l'école préparatoire nommée La petite école de Mademoiselle Guay, de la paroisse Saint-Joseph, où elle apprenait les rudiments du piano, du chant, du ballet et de la diction. Par la suite, Alice n'a jamais cessé d'apprendre des grands maîtres : que ce soit Jean Ridez, professeur de diction qui avait remarqué un talent exceptionnel chez l'enfant, ou encore Manolita Del Vayo qui lui enseignera beaucoup plus tard la langue espagnole. La chance ne faisait pas partie de l'univers des Robitaille : il fallait travailler et gagner ses galons.

Napoléon passa en revue tous les journaux locaux afin de connaître tous les théâtres de la ville et relever toutes les possibilités qui s'offraient à de jeunes artistes. Il remarqua une annonce d'audition pour enfants dans le cadre de la pièce de théâtre intitulée *Les sabots du diable* présentée au Théâtre Capitol de Québec. Napoléon ne rata pas l'occasion d'y amener sa fille qui décrocha le rôle sans qu'il en fût surpris outre mesure. La confiance gagnait de plus en plus Napoléon : après *Les sabots...*, Alice participa au grand succès du Capitol *Dix nuits dans un bar*, version du succès londonien « Ten Nights in a Bar Room », où Alice interpréta, pendant six mois, le rôle d'un petit chanteur des rues en compagnie du célèbre comédien Jean Nel.

Mais il ne fallait pas en rester là, il ne fallait jamais en rester là, selon Napoléon qui faisait tout en son pouvoir pour précipiter les événements. Allait-il trop vite ? Forçait-il le développement de son enfant et de sa vie publique ? C'est ce que pouvait en penser, sa femme Albertine. Mais Napoléon était emporté par les succès et le magnétisme de sa fille. Grise par cette jeune gloire qui rejaillissait déjà sur sa fille, il la présenta au concours « Les talents Catelli » qui réunissait les meilleurs talents de la région. Alice fit si bien lors de ce concours commandité par le poste de radio local CHRC, qu'elle remporta le premier prix et les 5 $ qui s'y rattachaient.

Le bonheur de la petite Alice, alors âgée de cinq ans, ne pouvait égaler celui de son père. C'était sa victoire, sa vengeance d'une vie qui l'avait malmené jusque-là : « Je ne serai jamais champion du monde à la lutte, se disait-il, Bertine n'a jamais fait de carrière malgré sa si belle voix ; mais Alice sera la vedette de la famille, notre récompense, notre fierté, notre honneur ». La première star du Québec,

Napoléon l'a vue, imaginée et proclamée avant tout le monde. Combien de jours, combien de soirs avait-il répété avec elle sa mise en scène, ses chansons, les bons gestes, les bons pas. Il adorait sa fille mais, dans sa fièvre et son empressement, il lui faisait « prendre les bouchées doubles » sans s'inquiéter de sa santé mentale et physique. Je pense que cette idée ne lui a jamais effleuré l'esprit : dans son monde, on n'admettait pas les défaillances, les défaites et encore moins la faiblesse des sentiments.

À partir de quatre ans, Alice dit adieu à son enfance. Pendant que ses petites voisines jouaient « à la mère ou au docteur », comme tous les enfants de cet âge, Alice répétait ou apprenait de nouvelles chansons, étudiait le piano et courait à la prochaine leçon de diction ou de solfège, donnée par sœur Sainte-Marie-Maxime. La petite fille était douée et le père pouvait craindre qu'elle ne découvre d'autres intérêts pendant ses études, et qu'elle fasse ainsi faux bond à la carrière. « Mon père me commandait de travailler mes spectacles », dira plus tard Alys Robi. Tout en lui donnant confiance, il l'obligeait à suivre ses espérances à lui.

— Ne te laisse jamais aller, ne faiblis pas ma p'tite, sinon ils vont tous t'écraser.

Cet homme instinctif, qui n'avait jamais connu le monde du spectacle de très près, savait très bien qu'une véritable jungle attendait la petite Alice. Il lui inculqua le sens de la compétition et la force morale du gladiateur qu'il était. Peut-être avait-il pressenti tout ce qu'allait vivre la jeune artiste durant sa carrière ? L'a-t-il préparée au meilleur ou au pire ? Difficile à dire, impossible de juger. S'il était exigeant envers sa jeune fille déjà prodige, il ne laissa aucun doute en elle : Alice avait l'étoffe d'une grande vedette et, l'heure venue, cette star allait sortir des frontières du pays. Et non seulement il le pensait et le répétait à sa fille, mais le temps était venu pour lui de le dire publiquement.

Parfois, au milieu d'un après-midi tranquille, il se levait de table et annonçait à sa femme Albertine : « Aujourd'hui je vais aller faire de la propagande pour Alice ». Le mot ferait peur aujourd'hui, mais il ne signifiait alors que publicité et promotion.

Il se rendait rue Saint-Jean et répandait à tout venant que sa fille allait être la première star du Québec, qu'il fallait aller la voir au Princesse, à l'Impérial ou au Capitol. Il allait de restaurant en restaurant, de café en café, porter la bonne nouvelle. Tout autre que lui aurait été mal reçu et sûrement éconduit *subito presto*. Mais Polo était connu dans la ville et ce lutteur semi-professionnel en imposait. Alors, on l'écoutait poliment et quand il repartait, on se disait : « Y est fou raide, Polo ! C'est pas à Québec qu'on va faire des vedettes qui vont aller partout dans le monde. Y a jamais personne qui est sorti d'icitte ». S'il savait fort bien ce qu'on disait dans son dos, jamais Polo ne douta de son intuition ni des possibilités de sa fille. Il avait trouvé sa cause, sa raison de vivre et cet homme fascinant avait déjà imaginé, avec les moyens d'alors, ce qu'on appelle aujourd'hui la promotion. Il voulait qu'on parle de sa petite Alice et on en parlait.

Dès le début de sa jeune carrière, Alice montra d'étonnantes possibilités artistiques. La jeune fille se produisait de plus en plus souvent dans les salles d'exposition, les théâtres, et même dans les stades et les arénas. Elle se présentait habituellement sur scène en jouant du piano puis en exécutant un numéro de danse, avant d'interpréter des chansons attendrissantes qui touchaient les spectateurs. Déjà, elle travaillait à l'américaine en présentant des numéros variés sur scène. Elle étudiait d'ailleurs en ce sens afin de savoir tout faire sur une scène, comme le veut la tradition américaine du spectacle de variétés. On peut tout de même s'étonner de la subite popularité d'une enfant de quatre ou cinq ans, de même qu'on peut s'étonner de l'acharnement convaincant de son père. Il faut revenir aux années 1928-1930 pour comprendre un tel engouement. La plus grande star de cinéma de cette époque était en fait la plus petite puisqu'elle n'avait que quatre ans à ses débuts, tout comme Alice. Elle se nommait Shirley Temple. À cet âge, elle tournait son premier film, *Baby Burlesks*, dans lequel elle imitait Marlene Dietrich et d'autres idoles du temps. Le président américain Roosevelt disait alors : « ...c'est une chose merveilleuse que, pour quinze cents seulement, un Américain puisse aller au cinéma pour regarder le visage souriant d'un petit enfant et en oublier ses misères pendant cette pénible phase de dépression ». Il aurait pu parler des Canadiens qui voyaient le même film. De plus, Jackie Coogan n'avait pas plus de sept ans quand il joua avec Charlie Chaplin dans *The Kid* en 1921. Mickey Rooney monta sur la scène pour la première fois à l'âge de quinze mois pour aller rejoindre ses parents qui participaient à un spectacle de vaudeville ; il fut aussi l'artiste le plus populaire d'Hollywood pendant son adolescence. Jackie Cooper remporta un Oscar à l'âge de dix ans, en 1931, pour son interprétation dans le film *Skippy*, avant de tourner dans le classique *The Champ*.

Bref, les enfants avaient la cote d'amour du public durant les années 1920 et 1930. « Dans ce temps-là, on n'appellait pas les enfants "les p'tits monstres" », me racontait, un jour, Alys Robi. Bien au contraire, les enfants qu'on voyait alors sur l'écran étaient candides, rieurs, attachants et parfois en larmes dans des situations mélodramatiques. Au théâtre, ils étaient souvent des victimes, à tout le moins dans la pièce *Aurore l'enfant martyr* créée à Montréal au début des années 1930. Napoléon avait pensé à ce rôle pour sa fille, mais celle-ci n'avait pas le physique de l'emploi.

On pourrait citer bien d'autres exemples de la fascination qu'exerçaient les enfants à l'écran ou à la scène. D'ailleurs, on idéalisait l'enfance : sur les affiches de cinéma, on proposait des images de petits êtres toujours purs, beaux et innocents. Dans la vie de tous les jours, les enfants étaient davantage soumis que ceux d'aujourd'hui, plus dévoués et, il faut bien le dire, ils apportaient des revenus à la famille. À l'époque, ce n'était pas une honte de faire travailler les enfants. Ce n'est qu'après la guerre que les *baby boomers* ont développé un véritable culte à l'endroit de leur progéniture, avec les résultats que je vous laisse le soin d'évaluer.

Ceci explique l'attitude soumise de la jeune Alice qui remettra tous ses gains à son père pour nourrir sa famille et pour payer ses cours de formation artistique. Car Alice ne cesse jamais d'apprendre et de perfectionner son art de la scène, elle qui fréquente l'Académie Notre-Dame pour sa première année d'école. Elle est douée et se retrouve parmi les premières de classe.

La lutte

Jamais à court d'idées, Napoléon décide d'associer sa petite Alice à la présentation de ses combats de lutte à l'aréna Latour cette année-là. Rien pour alarmer Albertine :

23

quelques chansons entre les combats, deux fins de semaine par mois, pas plus. Les profits de ces soirées de lutte étaient généralement remis à des œuvres de bienfaisance, dont un fonds de secours pour les veuves des pompiers qui n'obtenaient aucune indemnité lors du décès de l'époux en devoir. Avec Alice, Napoléon savait fort bien qu'il allait attirer un plus grand nombre de spectateurs, et ramasser ainsi plus d'argent.

Le premier soir, la fillette fut impressionnée autant par les lutteurs que par ce public bruyant et parfois aussi violent que ces hommes forts en train de se rudoyer entre les câbles. Elle n'avait pas encore six ans et elle pénétrait déjà dans un monde réservé aux hommes. C'est là qu'elle a appris le sens de la compétition, de l'honneur, de la parole donnée, de la victoire, mais aussi celui de la solitude et de ce deuxième souffle qu'il faut pour se relever après une chute, ce dont elle aura tant besoin plus tard.

Les Québécois ont été longtemps fascinés par les hommes forts, les lutteurs et les boxeurs. Depuis Louis Cyr jusqu'au boxeur Robert Cléroux qui faillit devenir champion du monde des poids lourds dans les années 1960, sans oublier les Yvon Durelle, Armand Savoie, Dave Castilloux, Johnny Gréco, Yvon Robert, le géant Beaupré et combien d'autres, les Québécois se sont identifiés à ces colosses qui avaient les épaules assez larges pour suppporter leurs rêves de force, de courage, et aussi leurs rêves d'affirmation à l'extérieur du pays. Un champion du monde ou un aspirant au titre, cela faisait rêver les Québécois qui cherchaient à s'affirmer.

Les lutteurs et les boxeurs ont occupé très souvent la place d'honneur dans la section sportive des journaux durant plusieurs décennies, jusqu'aux Jeux olympiques de 1976, moment où les Québécois ont développé de l'intérêt pour d'autres disciplines. Dans une province qui cherchait son identité, accablée alors par la misère économique, le gladiateur faisait rêver au même titre que l'artiste. La petite Alice fit d'ailleurs rapidement le lien entre le monde de l'arène et celui de la scène. La lutte n'était pas truquée à l'époque où son père luttait et, pour cette enfant, il s'agissait tout de même d'un spectacle.

Voir deux hommes se mesurer et défendre leur réputation, leur gagne-pain, leur fortune et surtout leur honneur l'espace d'un combat, cela la fascinait. Cette petite fille passionnée allait voir des hommes jouer le tout pour le tout ; elle ne cessera de les admirer et de rechercher leur compagnie et leur protection tout au long de sa vie. Le premier lutteur qu'elle a remarqué, le plus beau, le plus vaillant, le champion de toute sa vie, était et sera toujours Polo Robitaille. En l'observant ce soir-là et bien souvent par la suite, elle apprit que le public était un grand enfant trépignant, impitoyable, impatient, qui ne demandait qu'à être fasciné, séduit et contrôlé. S'il pouvait aimer et vénérer l'idole qu'il avait fabriqué, il pouvait aussi haïr, détruire à jamais cet animal de scène, qu'il fût lutteur, chanteur ou acteur. La scène est une jungle sans pitié et les combats qu'on y mène sont souvent ceux d'une arène. À cinq ans, la petite Alice le savait déjà.

Un soir, son père est malmené dans l'arène. La petite ferme les yeux et s'adresse à son frère Paul-Émile.

— Y vont faire mal à papa. Y sera blessé et on n'aura plus de sous.

— Voyons, tu sais bien que papa va lui faire une nouvelle prise qu'il a inventée et qu'il va gagner son combat. Je l'ai vu faire l'autre jour au gymnase. Y pratiquait la prise de l'orteil. Regarde ben...

Dans ces années-là, les combats de lutte n'étaient pas aussi spectaculaires, aussi colorés que ceux d'aujourd'hui. Polo, reconnu comme un lutteur « scientifique », l'emporta effectivement avec sa fameuse prise de l'orteil. Une prise qui intriguait bien des lutteurs et que Polo garda secrète. Après le combat, Alice monta sur scène et, pour chanter *La Berceuse de Jocelyn*, prit le cornet porte-voix qu'on utilisait avant l'apparition du micro. Elle tenait dans ses bras une poupée pour mimer la chanson. Cette poupée ne l'a jamais quittée. Aujourd'hui, ce jouet est le seul qui reste de son enfance, et il porte les marques de tous les âges d'Alys Robi : une partie de la tête de la poupée a été sectionnée, les yeux ont disparu, laissant deux trous noirs, et les bras semblent avoir été brûlés. Quand Alys Robi m'a confié ce souvenir si précieux, j'ai su que ce livre allait être possible : elle me faisait cadeau de sa confiance. Cette poupée est le seul témoin, la seule compagne, la seule amie de la véritable petite Alice qui enfouit en elle jour après jour son besoin d'affection, d'amour et de tendresse. Pendant que son père, animé par toutes les bonnes intentions du monde, la poussait à se surpasser et à conquérir cette masse anonyme qui s'appelle le grand public, la fillette cachait la fragilité qui montait en elle. Elle souhaitait tellement être protégée alors qu'elle devait se battre et encore se battre contre le trac, contre l'inconnu, et surtout contre cette routine éreintante qui l'attendait invariablement le lendemain.

Mais la petite aime l'étude et ses cours la stimulent. Elle est douée, elle réussit bien, et finit par s'adapter à un régime de vie assez trépidant, lorsqu'un drame vient boule-verser la vie de toute la famille Robitaille.

Elle sortait tout juste d'un cours de solfège et s'ame-nait joyeusement à la maison, rue Sainte-Thérèse, quand elle aperçut un attroupement en face de la maison fami-liale. Elle vit sa mère penchée et reconnut son jeune frère Gérard qui gisait sur le trottoir.

Une voisine, madame Fortin, raconta comment elle avait vu un énorme camion rouge happer le garçonnet de 4 ans, alors qu'il jouait sur son tricycle, en face de la maison familiale. Le camion, visiblement conduit par un chauffeur en état d'ébriété, avait projeté le petit Gérard contre le mur. Le chauffeur ivre s'enfuit lâchement en empruntant la rue Aleyr. Alice aida sa mère à transporter Gérard à la maison avant d'appeler le médecin. Alice a conservé dans sa mémoire l'image tragique du petit corps mutilé de son frère aimé, la colonne vertébrale broyée, il était étendu sur la table de la cuisine alors que ses sœurs et sa mère priaient en attendant désespérément la venue du médecin.

Cet accident brisa quelque chose de précieux dans le monde intérieur d'Alice. La vie venait de lui faire son pre-mier sale coup. Le médecin était catégorique : ce jeune frère qu'elle chérissait, à qui elle avait acheté ce tricycle avec l'argent d'un prix Catelli, allait être paralysé toute sa vie.

Alice fut ébranlée pendant de longs mois. Son univers avait changé. La méchanceté, la lâcheté, la tricherie et l'in-justice faisaient maintenant partie de son petit monde comme autant de monstres. Elle devait donc les combattre, les anéantir, comme une gladiatrice. Comme son père.

Et durant les mois suivants, quand elle voyait son frère impotent, ce petit être infirme qu'elle et sa mère ont nourri « à la petite cuillère » jusqu'à la fin de ses jours, quand elle le voyait résigné, souriant de douceur, acceptant son épreuve comme un petit saint, Alice se résignait comme lui et puisait dans ce petit être des forces nouvelles. Vers le milieu des années 1960, Alys Robi confia à l'auteur et journaliste Henry Deyglun de l'hebdomadaire *La Semaine Illustrée* : « Tout l'intérêt de la famille était centré sur ce petit gars qui, par son acceptation de la souffrance, nous édifiait tous. Mais, que vous le croyez ou non, je me suis gardée propre à cause de lui pour mériter son affection, sa tendresse... Dans les moments difficiles, j'emportais alors et partout l'image de mon petit frère Gérard sur sa chaise d'infirme et j'ai la certitude qu'il priait pour moi comme je priais pour lui et je crois aussi et profondément que si je réussissais à faire des constants progrès dans mon métier, c'est qu'un petit saint, chez nous, à Québec, favorisait toutes mes initiatives ».

Gérard a été l'inspiration d'Alice et de tous les membres de la famille jusqu'à son décès, survenu en 1948, alors qu'il n'avait que 19 ans.

Jamais les Robitaille n'avaient été autant solidaires dans l'épreuve. Tous les membres de la famille mettaient en commun leurs économies afin de payer les frais de la maladie du jeune Gérard. À cette époque, les soins nécessaires à un grand invalide pouvaient facilement ruiner une famille. Si Gérard a obtenu les soins les meilleurs pendant sa vie, Alice y contribua pour beaucoup.

La misère, qui ne provoque pas toujours les plus beaux souvenirs de jeunesse, peut cependant favoriser très

28

tôt chez un enfant le sens des affaires et de l'économie. Alys Robi, qui deviendra intraitable plus tard dans ses négociations avec les producteurs, savait très bien à huit ans comment s'y prendre pour tirer le maximum de ses entreprises. Elle organisait par exemple des spectacles dans le hangar situé derrière la maison. Son père, qui pouvait à peu près tout faire de ses mains, lui avait construit une petite scène et avait installé des chaises. Alice s'occupait du reste en trouvant des compagnons de scène, en confectionnant des décors et en chantant devant un auditoire qu'elle avait elle-même choisi. Comme droit d'entrée, elle réclamait cinq cents ou trois épingles à linge à tout le monde, même à ceux qui participaient au spectacle.

Alors qu'elle touchait ses premiers cachets dans les théâtres de Québec, elle remettait tout cet argent à la famille avec beaucoup de fierté. Et comme toute chanteuse débutante, il lui fallait se mesurer aux autres enfants prodiges lors des concours d'amateurs. Elle avait remporté le concours Catelli à cinq ans, puis à six ans et puis à sept ans. Les mères des autres concurrents commençaient à murmurer : « La petite Alice devrait cesser de s'accrocher et donner la chance aux autres ».

La direction du poste CHRC, qui commanditait le concours Catelli, avait remarqué la jeune Alice et voulut retenir ses services. Elle n'a que sept ans et le président de la station, Narcisse Thivierge, l'engage pour participer à certaines émissions. La radio est le média majeur de l'époque, l'équivalent de la télévision d'aujourd'hui et il est bon de noter qu'Alice se familiarisa très jeune avec un moyen de communication qui fera sa gloire une dizaine d'années plus tard. Encore là, elle aura appris très jeune à se rompre à toutes les exigences de ce métier. Rien n'aura été laissé au hasard et à l'improvisation, et sa carrière ne pouvait pas, et ne devait pas, être un feu de paille. Tout avait été trop bien préparé, trop bien orchestré par un père qui aurait sûrement pu faire une grande carrière d'impresario. S'il avait vécu aujourd'hui, il aurait été un Guy Cloutier ou un René Angélil, deux agents qui ont préparé des carrières durables d'enfants devenus des vedettes au Québec : Nathalie et René Simard et Céline Dion.

Mais revenons aux années 1930 et aux rares perspectives de carrière qui s'offraient aux jeunes artistes, alors que Napoléon Robitaille cherchait à franchir une autre étape qui ferait connaître Alice à l'extérieur de Québec. Il apprit que le concours du Major Bowes, qui réunissait à l'origine les talents les plus prometteurs des États-Unis et qui s'étendait cette année-là à tout le Canada, était le plus prestigieux, le plus spectaculaire qui soit. Cette fois-ci, il fallait dépasser les limites de la ville et même du pays. Et surtout, il fallait réussir.

Si Napoléon Robitaille préparait avec grand soin les étapes de la carrière de la petite Alice à la manière d'un gérant d'aujourd'hui, il ne faut pas négliger l'apport de l'oncle Lucien, en pension chez la famille Robitaille. L'oncle Lucien est un artiste de cirque. Il connaît la danse, le chant, la musique et, surtout, l'âme du cirque. C'est lui qui prépare les numéros de danse d'Alice ; pour le concours du Major Bowes, il faut donner le maximum. Pourquoi tout particulièrement la danse ? Parce que dans les années 1930, une petite fille fait rage sur les grands écrans et elle danse à ravir. C'est, comme je l'ai déjà dit, la jeune Shirley Temple qui séduit alors le public du monde entier. Qu'à cela ne tienne, la jeune Alice est si bien préparée qu'elle réussit à battre l'un des candidats les plus doués, un « certain »

Frank Sinatra, de New York, qui faisait partie du quatuor Hoboken Four. Une autre artiste qui aura une grande renommée comme chanteuse classique au Metropolitan, Mimi Benzel, est également au nombre des candidats défaits par la jeune Canadienne française, comme on disait encore à l'époque.

Le concours du Major Bowes a été pendant quinze ans le plus grand concours d'amateurs au monde et, en 1932, on avait déjà étendu jusqu'au Canada cette compétition. Alice avait remporté toutes les étapes de la sélection continentale et, contrairement à ce qu'on a rapporté dans les journaux d'alors, elle ne s'est jamais rendue à New York pour le titre mondial, étape suprême du concours du Major Bowes. Pourtant tout avait été prévu et son père devait se rendre avec elle dans la métropole américaine.

La veille de son départ, Gérard eut une crise et Alice décida de rester à la maison pour le soigner, pestant contre le mauvais sort : « Je suis pas chanceuse, je suis jamais chanceuse ! », se disait Alice en pleurant de rage plus tard, alors qu'elle venait de rater le sommet... une première fois dans sa vie. Mais elle avait fait suffisamment de chemin grâce à ce concours qui lui avait procuré beaucoup de publicité, et sa renommée grandissait à Québec.

On imagine la portée d'une telle victoire. À neuf ans, Alice est déjà une célébrité dans son milieu. On la reconnaît partout et on suit de près l'évolution de sa carrière. Et comme on l'engage de plus en plus régulièrement à l'Impérial, au Princesse et au Capitol, une voisine de l'époque raconte que, dans les écoles du quartier Saint-Sauveur, on priait pour le salut de son âme à la fin de la dizaine du chapelet quotidien. Car le monde du spectacle était considéré comme un lieu de perdition et de péché, un monde presque maudit.

Mais Alice ne se perdra pas. Elle tient les guides de sa destinée et développe jour après jour une forte personnalité qui lui permettra de franchir rapidement toutes les étapes, presque avec impatience. En se marginalisant lorsqu'il le faudra.

À dix ans, toujours étudiante à l'Académie Notre-Dame, elle s'astreint quotidiennement à un cours de solfège après ses classes et sa vie ressemble à un tourbillon. Déjà l'horaire d'une vedette adulte établi : des émissions de radio, des spectacles avec son père, des engagements réguliers dans les théâtres, et la petite Alice n'est plus qu'un nom, une marque de commerce inscrite sur les photos que son frère Paul-Émile vend à la sortie de ses spectacles. Elle n'a pas été petite longtemps, Alice. Bien peu de temps.

Il y a peu de place pour des coins secrets dans sa jeune vie, et de toute évidence, elle ne suit pas l'évolution normale d'une jeune fille de son âge. C'est l'enfant prodige, la Shirley Temple de son patelin : elle doit répondre aux gens qui l'abordent dans la rue et qui lui demandent parfois des autographes. Elle est sérieuse, complètement dépourvue du sens de l'humour, et ses plus grands bonheurs à l'époque sont d'ordre religieux. Son imaginaire confond la famille, les personnages de l'Église et le monde du spectacle.

Elle parlera longtemps de son frère Gérard comme d'un martyr, et de sa mère comme d'une femme forte de l'évangile. Plus tard, elle se comportera elle-même comme la plus grande des martyres... qu'elle a été d'ailleurs. Mais à dix ans, elle n'en était pas là. Elle rêvait, et son rêve était immense, il rejoignait les étoiles du show-business qui étaient peut-être bien près du paradis, de Dieu. Comme un absolu qu'on définit encore mal mais qu'on sent à portée de la main.

Ce rêve l'a habitée d'une façon presque obsessive après qu'elle eût rencontré Rose Ouellette, La Poune, au Théâtre Arlequin. Madame Ouellette partageait ses activités à cette époque entre le Théâtre Cartier à Montréal, en hiver, et le Théâtre Arlequin à Québec, en été. La Poune se produisait au théâtre Arlequin en 1934 et s'intéressa aussitôt à cette jeune fille de 11 ans qui charmait les spectateurs dans cette grande salle devenue aujourd'hui le cinéma Pigalle.

« Si jamais tu viens à Montréal, viens me voir au National », lui dit madame Ouellette après le spectacle. Ce message ne resta pas lettre morte. S'exprimait-elle ainsi par politesse ou avait-elle vraiment l'idée de l'engager dans les plus brefs délais ? Elle pensa sûrement à l'engager puisque les enfants, comme on le sait, avaient la cote d'amour du public à l'époque. Murielle Millard était déjà connue du public à 12 ans et travaillait au National, théâtre dont la troupe était dirigée par madame Ouellette.

Mais n'anticipons pas et retrouvons une Alice songeuse, impatiente, qui constate au fil des mois les limites de son champ d'action. Imaginez qu'à douze ans, Alice Robitaille avait fait le tour de sa ville. Il n'y a plus de prochaine étape, de nouveaux défis, même plus de risques à courir puisqu'on la reconnaît et on l'aime, cette enfant du quartier, la fille de Polo, qui est en train de devenir femme. Elle a connu la radio, les théâtres, les foires, les arénas et elle a étudié le chant, le piano, la diction, les danses folkloriques, la danse à claquettes, et tout ce travail n'a fait qu'aiguiser son ambition. Elle rêve d'une carrière internationale et ne s'en cache pas. On peut penser aujourd'hui qu'il s'agissait d'un rêve insensé, d'une lubie d'adolescente par trop excessive, mais en se situant dans le contexte artistique de l'époque, on en comprend mieux la juste légitimité.

Québec, tout comme Montréal, était complètement envahie par le show-business américain. Les producteurs américains considéraient ces villes comme faisant partie du circuit des tournées et se comportaient envers le Québec comme s'il s'agissait d'un territoire acquis, sans jamais tenir compte des frontières. Le monde du spectacle en 1936 était un monde américain qui fonctionnait selon les règles et les traditions établies à New York, Los Angeles, Hollywood ou Chicago ; les rares artistes du Québec étaient considérés comme des produits locaux au même titre que le sirop d'érable et la ceinture fléchée. Alice avait surtout vu des artistes américains à l'affiche des principaux théâtres de sa ville. Le chanteur américain Sammy Davis, un enfant prodige tout comme Alice, lui a appris les rudiments de la danse à claquettes dans la rue Notre-Dame-des-Anges, derrière le Théâtre Arlequin, entre deux numéros de scène. Les grands orchestres et les théâtres impressionnants, c'était pour les artistes américains de passage, les artistes québécois se contentaient des salles de vaudeville. À vrai dire la colonie artistique, ou ce qu'on peut appeler le monde artistique, était à peu près inexistant dans le Québec de 1930.

Ceux qui entreprenaient une carrière qui touchait de près ou de loin la musique, le chant ou la danse, le faisaient non par goût mais par passion, par besoin, et devaient en payer chèrement le prix. Dans un territoire occupé par le géant voisin, les jeunes artistes québécois d'alors étaient condamnés au génie, au talent exceptionnel ou à des entreprises folkloriques. Et cela aussi, ils devaient le faire avec génie. Madame Bolduc était un personnage connu dans certaines régions du Québec, même si elle n'a obtenu de véritable reconnaissance que longtemps après sa mort. Elle chantait la misère des petites gens, leur quotidien et puisait à même l'actualité pour raconter son époque, mais son circuit était limité, sa musique rudimentaire. Et puis madame Bolduc était une exception, une force de la nature, un cas rare qui ne devait sûrement pas inspirer la petite Alice. Celle-ci avait été formée par des professeurs de musique classique et inspirée par un père ambitieux qui voyait au-delà des frontières.

Dans cette perspective, la carrière qu'imaginait la jeune fille de Québec ne pouvait être autre qu'internationale, c'est-à-dire « américaine ».

2
LE TRAIN DE SES RÊVES

Le départ de Québec

Depuis des années déjà, Alice Robitaille frayait avec des troupes étrangères qui s'étaient produites à Montréal dans un premier temps, avant de prolonger leur séjour dans la province en se rendant dans l'accueillante ville de Québec. Ces troupes, venues de partout, étaient presque toujours engagées par des producteurs américains ; Alice s'affichait comme vedette locale, et très souvent un chanteur ou une danseuse de passage disait, après avoir vu son numéro depuis les coulisses : « *She's got talent. They would love her in New York.* » La jeune fille impressionnable avait fini par le croire.

Il lui fallait quitter la ville de Québec au plus vite. Partir pour Montréal était devenu une obsession, et elle prépara minutieusement son départ. Elle avait déjà glissé un mot à son père sur la perspective d'aller faire carrière dans la métropole. Elle lui avait raconté que madame Ouellette l'avait invitée à se produire au National et que ce serait pour elle l'occasion unique de devenir la star dont il rêvait. Devant la réaction négative de son père, qui ne voulait même pas discuter de cette éventualité, Alice n'alla pas plus loin. Mais son projet était bien arrêté et elle ramassait les sous que son père lui remettait pour s'acheter des friandises. Elle utilisa la boîte qui contenait son uniforme de majorette des pompiers pour préparer sa valise. Elle cacha la boîte sous son lit et élabora son scénario soigneusement. Le temps pressait. Avec 1,85 $ en poche, elle estima que la somme était suffisante pour le grand départ.

Elle attendit que sa mère fût seule pour lui confier son secret. On peut imaginer la scène.

— Maman, je veux aller à Montréal. Je ne peux plus continuer ici à Québec, y a plus rien pour moi. Je ferai jamais une carrière en restant ici. Il faut que je parte...

— Qu'est-ce que tu racontes ? T'as rien que 12 ans ! Montréal est une grande ville dangereuse. Et tes études ? As-tu pensé à tes études ? As-tu pensé à ton père ?

— Maman, c'est ma vie ! Je veux faire carrière depuis que je suis toute petite et rien va m'arrêter. Y a des professeurs à Montréal et puis je suivrai des cours privés. Madame Ouellette a tout préparé et c'est une bonne personne qui va s'occuper de moi. Maman, il faut que je parte, autrement, je ne ferai plus rien ici...

— Vous allez tous partir ! Jeannette, Marguerite, toi. Et Gérard ? As-tu pensé à Gérard ? Comment je vais faire pour m'occuper de lui toute seule ?

— Je vous aiderai maman, j'enverrai de l'argent et un jour, quand je serai riche, je vous achèterai une maison avec des servantes et vous n'aurez plus besoin de travailler. Je vous aime ! Vous le savez !

— Ton père voudra jamais...

— Je le sais.

Alice attendit le jour où son père devait travailler pendant vingt-quatre heures sans relâche, selon la routine de travail établie à la caserne des pompiers. Un soir d'automne 1935, elle prit la décision de partir. Elle sortit sa petite boîte qu'elle avait cachée sous le lit, compta ses sous et dit à sa mère qui essuyait la vaisselle : «Je pars maman!» La femme tourna la tête sans mot dire et essuya machinalement un autre verre. Alice la serra longtemps dans ses bras, partagée entre la douleur et l'euphorie.

— Tu m'appelleras, tu écriras, tu reviendras... À quelle heure ton train?

— Minuit!

— Ça n'a aucun sens, tu...

Alice se rendit dans la chambre de son frère Gérard. En entendant les pas d'Alice, il ouvrit les yeux. C'était le moment le plus difficile à passer. Son cœur se serrait et, subitement, elle maudissait le feu qui brûlait en elle.

— Je ne t'abandonnerai jamais, mon petit frère. T'es tout ce que j'ai de précieux! Alice va revenir, ce sera pas long.

— Aliiii...

Depuis l'accident, Gérard ne pouvait plus parler. Quelques mots, des sons incongrus, mais toujours ce léger sourire d'ange qui persistait.

Alice quitta précipitamment la maison alors que le soir tombait. Elle courut jusqu'au petit restaurant Charly afin de rencontrer son frère Paul-Émile qui travaillait à la cuisine.

— Je m'en vais, Paul-Émile!

— Tu peux pas partir ! T'es ben trop jeune, la petite sœur !

Le grand frère n'avait pas vu sa petite sœur grandir. Il n'avait pas compris qu'Alice avait choisi une carrière comme on choisissait une vocation, c'est-à-dire en renonçant à tous ses biens et à sa famille. Elle partait en mission étrangère dans ce grand Montréal qui lui apparaissait vaste et inconnu comme un nouveau pays. Elle allait chanter, convertir les foules. À qui ? À quoi ? Elle ne le savait pas encore.

Rien ni personne ne pouvait empêcher la petite Alice de devenir la grande Alice, Alys Robi parmi les étoiles. Si elle n'avait pas encore trouvé son nom à ce moment-là, elle avait trouvé les étoiles et n'entendait plus les paroles de son frère. Elle était déjà ailleurs et Paul-Émile faisait partie d'un monde qui mourait en elle. Elle allait réaliser le rêve de son père et, paradoxalement, elle allait le réaliser sans lui. Le cordon ombilical était coupé. Douloureusement ? Je ne sais pas. Alice ne ressentait plus rien : comme si elle avait été sous anesthésie.

À la gare de Québec, elle acheta son billet, 1,80 $, un aller simple pour Montréal. Elle avait choisi le train de minuit par économie. Il lui restait cinq cents pour affronter la grande ville. Elle avait douze ans à peine et, pendant tout le voyage qui dura huit heures, Alice ne ferma pas l'œil. Mille et une pensées devaient tourner dans sa tête durant le trajet. Elle voyait déjà les grandes scènes, les suites royales, les limousines et les pays de soleil dont lui avaient parlé les artistes professionnels de passage à Québec. Elle avait vu à l'Arlequin des troupes mexicaines, espagnoles, des troupes de musiciens noirs américains. Tout ce monde de la musique et de la danse la fascinait.

Elle connaissait peu Montréal malgré le bon souvenir d'un voyage qu'elle avait fait avec la famille, au cours duquel elle avait découvert le parc Lafontaine. Elle se souvenait des canards. Pas des animaux, mais des petits bateaux, des embarcations de bois transformées en canards flottants. Ces canards faisaient rêver Alice depuis longtemps. Dans sa tête, Montréal était aussi une ville de spectacles encore plus proche de New York. Et New York, c'était l'avion. Un jour, elle prendrait régulièrement l'avion, elle habiterait dans l'avion, pourquoi pas? Un avion avec de grandes ailes pour voler comme un oiseau. Cette nuit-là, elle pensait être un oiseau, elle se voyait comme une hirondelle, un rossignol peut-être, qui quitte son nid et prend son envol. Elle faillit s'endormir avec ces images lorsqu'elle sursauta. Un grand frisson secouait tout son corps. Elle pensa à la famille qu'elle venait de quitter et, subitement, elle réalisa l'ampleur de son geste : elle ne reviendrait jamais, plus jamais, vivre à la maison ; c'était fini pour elle. Plus jamais, elle ne retrouverait sa famille comme avant. Jamais, se répétait-elle.

Elle ne pouvait plus dormir et la nuit lui faisait peur. Elle voyait son père découvrir son lit vide, sa mère pleurer, son petit frère Gérard isolé. Pourquoi avait-elle fait tant de mal aux siens en partant ainsi à la sauvette? Elle ne l'a jamais su. Impulsive, forte tête, elle n'avait pas l'habitude de réfléchir et d'analyser ses réactions. Elle n'avait jamais eu le temps et vivait déjà pleinement ses émotions, en suivant ses impulsions. Elle s'apaisa finalement, oublia le passé et constata que la liberté était bonne dans ce petit train de nuit qui l'emportait dans ses rêves. Lorsque le jour se leva, les rêves ne s'étaient pas évanouis, la grande ville lui faisait du cinémascope en couleurs sur toutes les fenêtres du train. Ses énergies décuplèrent et Alice pénétra pour la première fois de sa vie au pays des merveilles, et ce pays-là ne faisait pas partie d'une histoire pour enfants.

Le National

Alice arriva donc à Montréal avec cinq cents en poche et le cœur gonflé d'espoir, pour reprendre une vieille image. Elle descendit à la gare Windsor et demanda le chemin du Théâtre National. Un porteur noir baragouinant le français lui indiqua l'arrêt d'autobus. Le chauffeur savait exactement où faire descendre la jeune Alice, car tout le monde connaissait le National, et tout le monde connaissait, de réputation au moins, La Poune.

Il faut connaître la place de choix qu'occupait alors madame Rose Ouellette sur les scènes du Québec. En 1935, la compagnie France Film l'avait engagée à titre de directrice et meneuse de revue au Théâtre National. Cette artiste de trente-trois ans avait obtenu beaucoup de succès à la direction du Théâtre Cartier à Saint-Henri et elle remplissait les salles partout où elle passait. C'est ainsi qu'on l'avait surnommée « La Poune aux œufs d'or ». Elle était à cette époque la plus jeune directrice de théâtre en Amérique et je pense que, même aujourd'hui, c'est l'honneur dont elle est le plus fier.

La rencontre entre Rose Ouellette et cette Alice, qui s'amène donc à Montréal, en 1935, a été déterminante dans la carrière de la jeune chanteuse. Rose Ouellette, qui demeurera pendant 17 ans à la direction de la troupe du National, était, contrairement à son image de comique, une femme rigoureuse, disciplinée, qui gérait la troupe du théâtre avec une main de fer et sûrement quelques gants de velours.

La jeune Alice, qui n'avait jamais eu aussi peur de sa vie en se rendant au National, allait s'en remettre à elle comme on s'en remet à une mère. Les pas qu'elle fit avant d'entrer au théâtre étaient les derniers pas de la petite Alice. Un nouveau monde s'ouvrait à elle. Elle hésita quelque peu et se souvint des propos de son père : « Il ne faut jamais faiblir, jamais montrer que t'as peur... » Et elle crâna comme elle le fit toujours lorsqu'elle se sentait insécure :

— Madame Ouellette, vous vous souvenez de moi, la petite Alice ? Je vous ai rencontrée à l'Arlequin et vous m'avez dit de venir vous voir. J'ai apporté des chansons. Est-ce que je peux chanter ?

Madame Ouellette se souvenait très bien de cette petite fille qui l'avait fortement impressionnée lors d'un spectacle à Québec. Elle la laissa s'installer près du piano sur la scène du théâtre. Alice avait interrompu la chanson d'ouverture du prochain spectacle que La Poune répétait avec le pianiste Gene Nolin.

« Je me souviens de son arrivée au Théâtre National, raconte La Poune. Elle n'avait même pas une valise, c'était un sac de commissions tout petit avec des feuilles de musique et une jaquette dedans. Je l'ai engagée tout de suite parce que je savais qu'elle était bonne. Un talent fou : elle chantait bien, elle jouait comme une grande personne et elle travaillait tout le temps. Je savais qu'elle était toute seule dans une nouvelle ville, qu'elle n'avait que douze ans, et je lui ai dit que j'allais la prendre chez moi. »

Après sa chanson, Alice sentit le besoin de montrer ses couleurs. « Merci de tout ce que vous faites pour moi, dit-elle. Mais je dois vous dire, madame Ouellette, que vous pourrez pas me garder longtemps : je vais faire le tour du monde, vous savez ! » Le pianiste faillit s'étouffer.

On s'étonnera peut-être de la confiance qu'Alice manifestait envers ses propres moyens. Je pense que c'est le propre de tous les artistes qui ont marqué leur époque, leur milieu. Est-ce que ça s'apprend, la confiance ? Pas sûr. Je crois que ce trait de caractère se lègue par un parent, un ami, un amoureux, quelqu'un qui reconnaît le talent d'un artiste avant tous les autres. Alice a été nourrie de cette confiance par son père. À quatre ou cinq ans, la confiance d'un parent est inestimable et Alice en a profité toute sa vie.

À cette époque, au National, des spectacles étaient présentés sept jours sur sept, deux fois par jour, quarante-deux semaines par année et le programme changeait chaque semaine. Un spectacle du National était composé d'une ouverture musicale avec tous les membres de la troupe, suivie d'un petit drame, d'une série de sketches d'une dizaine de minutes chacun, constitués d'attractions qui pouvaient être de la danse, de la magie, de l'acrobatie et, enfin, d'une grande comédie après l'entracte. Rien de moins pour une seule soirée, et même souvent plus encore quand le cinéma fit son entrée et s'inscrivit à l'horaire.

C'est à l'intérieur de cette troupe qu'Alice fit ses débuts montréalais. C'est là aussi qu'Alice Robitaille devint Alys Robi. Comme si Rose Ouellette l'avait baptisée et c'est beaucoup plus qu'une figure de style : « Mémé, c'est la seule personne qui ait réussi à contrôler Alys Robi », raconte la petite-fille de Rose Ouellette, Kathleen Verdon, ex-membre du comité exécutif de la Ville de Montréal.

Parce qu'elle avait du tempérament Alys Robi. Peut-être plus qu'Alice Robitaille qui vivait dans le cocon familial. «Elle était mauvaise, c'est-à-dire capable de s'affirmer et de hausser le ton lorsqu'il le fallait», raconte madame Ouellette en précisant qu'elle avait déjà engueulé ce pauvre Georges Leduc, un des comédiens de la troupe. L'histoire ne dit pas pourquoi, peut-être s'agissait-il d'un mauvais jour dans la vie d'Alys. Parce que la vie n'était pas toujours rose pour une jeune fille qui arrivait dans la grande ville et qui devait faire son chemin par ses propres moyens.

Rose Ouellette lui accordait un salaire de 7 $ par semaine. Elle la logeait chez elle et lui demandait 3 $ de pension. Alys envoyait à ses parents 3 $ par semaine. Il ne lui restait plus qu'un dollar pour manger. Un jour, une caissière du théâtre remarqua l'enfant qui pleurait dans sa loge. En la questionnant doucement, elle apprit qu'elle n'avait pas mangé depuis trois jours parce qu'elle avait dépensé son dollar. La caissière lui remit le lunch qu'elle avait apporté et lui donna un peu d'argent. Alice cessa de pleurer et par la suite, la caissière veilla sur elle comme une... nourrice. Les deux femmes se lièrent d'amitié.

Alice demeura un an dans le logement trop petit de Rose Ouellette. Elle dormait dans le salon et devait parfois se réfugier dans la salle de bains pour apprendre ses chansons. Toujours aussi studieuse, aussi ambitieuse, elle ne laissait rien au hasard et travaillait sans relâche ses numéros de chant, de comédie et de drame. Elle ne pouvait trouver meilleure école.

Elle resta attachée au National pendant trois ans. Ce fut donc dans les murs de ce théâtre de la rue Sainte-Catherine qu'elle passa la majeure partie de son adolescence.

Son père n'est venu la voir sur la scène du National qu'à une seule occasion. Elle s'en rappelle encore aujourd'hui.

Après le départ d'Alice, il ne fut plus le même avec elle. Il était plus distant, plus froid. Mais il n'y eut jamais d'explications : on ne s'expliquait pas avec Napoléon, il était fait d'un bloc, peu enclin aux discussions. Et pourtant la jeune Alice n'avait jamais voulu lui faire de mal en quittant Québec. À 12 ans, elle ne pouvait du reste comprendre objectivement son comportement. Elle suivait déjà la voix de son instinct comme elle l'a toujours fait par la suite.

Fermons l'album familial un instant pour prendre un peu d'air. De l'air froid d'automne pour me dégriser de ma cuite. Je suis soûl de la vie de quelqu'un d'autre. Je suis voyeur, indécent, imposteur, malhabile dans les couloirs d'une vie qui m'échappe, d'une vérité que je ne saurai jamais. Il est minuit passé et la fête de l'Halloween est finie dans ce bar. J'ai déjà chassé les sorcières et les magiciens pour retrouver la réalité. La route est longue sur les chemins de l'enfance d'Alice Robitaille. Des morceaux de papier jauni, des photos d'archives, d'une vie publique si floues et ce long voyage dans le temps.

Il est minuit et Alys Robi me tend un verre de champagne. Qu'allons-nous fêter ? Un livre à écrire ! Une vie à partir de petites pièces d'un casse-tête ! L'histoire d'une vie grande comme le Québec, avec ses victoires et des défaites. Aux plumes citoyens !

— Vous savez, j'ai beaucoup voyagé, moi, j'ai chanté dans trente-deux pays, j'ai été une grande star, me dit madame Robi avec emphase.

Comme si je ne le savais pas. Comme si elle voulait me convaincre un peu plus. « I'll drink to that », Madame Robi. Elle est encore reine dans ce bar et les fêtards ne quittent pas les lieux sans la saluer respectueusement. Et j'ai cette drôle d'impression de me retrouver dans une cour royale ou parmi des groupies qui ont dépassé l'âge de l'être.

47

Pourtant, elle se fait subitement toute petite et prend place tout près de moi avec ce visage que je ne lui connaissais pas d'enfant craintive, elle me dit : « Vous n'allez pas me faire de mal avec ce livre, Monsieur Beaunoyer. Vous savez, c'est ma vie. C'est précieux une vie, c'est tout ce que j'ai. J'ai traversé tellement de périodes difficiles, on m'a fait tant de mal que ce n'est pas nécessaire de... »

— Mais non ! Madame Robi. Au contraire, je veux qu'on vous reconnaisse, qu'on vous redonne votre place, vous faites partie de notre histoire. Vous savez bien qu'on ne peut pas écrire la vie de quelqu'un que l'on ne considère pas. Je...

— J'aime bien votre veston et votre cravate ! Mais c'est quelle couleur ? Rouge ?

Rouge comme moi pris en flagrant délit d'élégance. Le complet et la cravate que je ne porte presque jamais, c'était pour le respect, ce respect si important dans la vie de madame Robi. Drôle de paradoxe alors qu'on l'a autant célébrée qu'humiliée au cours de sa vie.

Mais ce soir, elle triomphe dans la nuit avec des amis qui l'entourent et c'est elle qui prolonge la fête. Elle aime qu'on l'aime et qu'on le lui dise.

— Je veux que ce soit un livre de vérité, me lance madame Robi presque menaçante.

Je ne demande pas mieux. Mais elle n'est pas toujours belle, pas toujours commode la vérité, et parfois elle peut faire mal. Par exemple, l'enfance : elle était bien sage, sage comme une image, naïve la petite Alice et le père était exigeant. Et pourtant, elle quitte sa famille et laisse tomber son père qui a tout fait pour elle.

— Je n'étais pas si naïve, vous savez. À six ans et demi, deux couples homosexuels habitaient dans mon quartier et je

savais très bien ce qui en était des mœurs des gens. Mon père était exigeant parce qu'il avait peur que je change d'idée sur ma carrière. J'avais du talent pour bien des choses et j'aimais l'étude, vous savez. Il ne gagnait pas cher mon père : dans ce temps-là, les pompiers et les policiers étaient mal payés. J'ai quitté Québec à 12 ans parce qu'il fallait le faire pour ma carrière. Je n'ai jamais abandonné mon père. Il arrive un jour que l'élève dépasse le maître. Voilà ce qui s'est produit !

— Il était important votre père. Vous l'avez aimé !

— Je l'aimerai dans l'éternité. Mais j'aurais tellement apprécié qu'il me serre dans ses bras. Qu'il me le dise qu'il m'aime... J'espère que vous ne lui ferez pas de mal dans ce livre.

Mais non ! Pourquoi cette idée ? Il m'est sympathique ce Napoléon qui me semble marginal, fantaisiste, créatif à sa façon dans un premier temps, et puis aussi austère, sérieux, non communicatif dans un deuxième temps. Napoléon demeure pour moi une énigme et je laisse à madame Robi l'image du père idéal qu'elle a conservée, en espérant que mes filles, plus tard, garderont une aussi belle image de moi.

Voilà que l'émotion nous envahit dans ce petit bar. Comment raconter cette histoire sans sombrer dans le mélo ? Je sais bien que c'est le plus grand piège qui m'attend et que l'on me le reprochera. Les bons sentiments et les histoires de familles unies ne font pas recette de nos jours. Tant pis pour la recette, tant pis pour la mauvaise foi des autres. Il est tard et j'ai l'âme d'un Don Quichotte. Allez !, ouvrons à nouveau l'album à la page des sentiments.

3
LE PREMIER AMOUR

À 15 ans, Alys Robi est en plein ascension. Elle a déjà franchi de nombreuses étapes avec succès et sa vie est complètement envahie par le spectacle. Elle n'aura pas eu d'enfance et elle n'a pas non plus d'adolescence. Son corps a changé et la jeune fille se fait femme avec des courbes qui s'affirment. « C'était pas un couteau manqué », raconte madame Ouellette qui se souvient fort bien de la silhouette de sa jeune artiste, une véritable vedette au National. Elle assimilait rapidement tout ce qu'on lui apprenait et cherchait encore à se surpasser, comme si elle voulait toujours compenser un manque d'amour.

D'où venait donc cette ambition qu'elle nourrissait pendant son enfance ? Des aspirations légitimes de gloire, de renommée, de luxe accompagnant une carrière internationale ? Que signifient ces mots pour une fillette de sept ans ?

Un soir de confidences, Alys déclare : « J'aurais tellement aimé que mon père me dise un jour : "j't'aime, ma petite Alice". J'aurais tellement aimé qu'il me dise que j'étais fine, qu'il était content de moi. On ne m'a jamais embrassée dans ma famille et pourtant tout ce que je faisais, c'était pour lui, pour eux, pour tout le monde. Je voulais qu'on soit fier de moi. Je voulais que ma famille soit fière de moi, que ma province, mon pays soient fiers de moi. » Comme si elle avait en elle, à 15 ans, certaines aspirations inconscientes d'un peuple. Ce n'était pas une carrière qu'Alys Robi entreprenait, mais une histoire d'amour avec un peuple. L'univers, c'était ce petit homme musclé, lutteur, pompier, qui ne lui avait pas encore ouvert les bras. Elle attendra ce moment toute sa vie.

Napoléon n'a jamais su combler cette attente. Alice a grandi dans un monde difficile, victime de malchances, de petits et de grands drames, de maladies. Napoléon devait se battre quotidiennement autant dans l'arène que dans la vie. La tendresse, la compassion, l'amour et les sentiments fragiles étaient perçus comme des manifestations de faiblesse qu'il ne pouvait se permettre. Les effusions étaient peu fréquentes dans ces familles. On s'aimait fort mais on s'embrassait uniquement dans le temps des fêtes, et on ne disait jamais qu'on s'aimait. L'amour entre un homme et une femme, entre une fille, ou un fils, et ses parents, c'était comme un grand vin trop cher, un objet de luxe. Mais c'était le seul luxe dont Alice Robitaille avait vraiment besoin, et Alys Robi s'en souviendra longtemps.

À 16 ans, elle regarde les hommes d'un peu plus près, attentive à leur beauté et à leur corpulence. Il est rare qu'une jeune fille de cette époque soit aussi sélective et aussi farouchement indépendante face aux hommes qui tournent autour d'elle. Au moment où les femmes se battent énergiquement pour le droit de vote, qu'elles obtiendront en 1940, Alys Robi n'attend pas le Prince Charmant : elle le choisira.

À 16 ans, elle sait déjà qu'aucun homme ne la soutiendra financièrement. Si elle ne s'est jamais réclamé du mouvement féministe des années 1970, elle a toujours vécu par ses propres moyens. Elle entend bien subvenir à ses besoins par elle-même, sans le secours d'un homme. Elle pense déjà à se mesurer d'égal à égal avec celui qu'elle remarquera.

Elle commence à effectuer des tournées avec la troupe de Jean Grimaldi pendant la saison estivale, alors que le National fait relâche. Elle touche 25 $ par semaine et gagne durement chacun de ces dollars. À cette époque les artistes en tournée se rendaient jusqu'au Nouveau-Brunswick ou en Nouvelle-Angleterre en passant par le Bas-Québec, le Lac-Saint-Jean, la Gaspésie et l'Abitibi. On voyageait surtout en automobile avec le plus grand nombre de passagers possible, parfois sur des routes de terre ou de gravier. Si on ajoute aux déplacements laborieux deux spectacles par soir, sept soirs par semaine, cela donne une petite idée du genre d'entreprise que les artistes pouvaient vivre. Jean Grimaldi, ainsi que Olivier Guimond père, de même que Arthur Pétrie et sa femme Juliette, organisaient des tournées.

Alors qu'elle négocie un contrat de scène avec Jean Grimaldi, au bureau de celui-ci, elle fait la rencontre d'un beau jeune homme. Il est élégant, beau à ses yeux, il la fait rire et il se nomme Oliver Guimond, on l'appelera par la suite Olivier. Alys n'a pas encore 17 ans et il en a dix de plus. Dès les premiers instants de certaines rencontres, on sait très précisément qu'on tombera amoureux. La vitesse de l'amour m'a toujours semblé effarante.

Mais Olivier est timide, silencieux et il ne détache pas ses yeux de la jeune et fort belle Alys. Il sera un jour célèbre mais, à ce moment-là, il vit dans l'ombre de son père Olivier Guimond senior. Père autoritaire, intransigeant, qui ne comprenait pas que son fils désire suivre ses traces. Il l'avait imaginé comptable, homme d'affaires, avocat, à tout le moins dans une profession « sérieuse », mais jamais en comique comme lui. On sait que, curieusement, la plupart des comiques ne sont pas très fiers de leur métier. Olivier Guimond père était de ceux-là même s'il était vénéré dans le milieu artistique québécois. Rose Ouellette le considérait comme son idole, son maître à penser.

Ce père faisait tout pour décourager son fils dans la pratique de cet art considéré mineur. Même s'il en souffrait, le jeune Olivier s'acharnait, car il avait du talent. Parfois, il se produisait sur la scène du King Edward Palace, rue Saint-Laurent, juste en face du Starland où se produisait son père et, dans la rue, les rires provoqués par ces deux artistes se mêlaient aux bruits de la ville.

Mais Olivier ne faisait pas que faire rire Alys, il la séduisait. Elle aimait l'allure de cet homme, la bonté qui se dégageait de son visage et elle savait d'instinct qu'il allait connaître une grande carrière. Alys ne vivait que pour les sommets, même en amour. Les champions, les vedettes, les grands talents l'attiraient. Dans ce cas-ci, le grand talent d'Oliver se mêlait à une timidité d'autant plus séduisante.

Les deux tourtereaux ne se quittaient plus après les spectacles et, un jour que le soleil se faisait radieux, ils décidèrent de faire une ballade et de visiter un peu le Nouveau-Brunswick où ils étaient en tournée. De cette région, ils ne connaissaient que les salles de spectacle. Olivier conduisait distraitement en regardant surtout les superbes jambes de sa compagne. Il longeait la rivière et conduisait avec de plus en plus de désinvolture.

Plus loin, alors qu'ils arrivaient dans une côte raide, sur le bord d'un précipice, Alys fut effrayée.

— J'ai peur, Olivier...

— Mais non, chère, lui répondit Olivier. N'aie pas peur. Fais comme moi : ferme-toi les yeux !

Mais Olivier n'avait pas particulièrement envie d'être drôle ce jour-là. Il avait d'autres idées en tête. Finalement, ils se sont isolés sur une plage, la Salmon Beach, près de Bathurst. La peau était fraîche, mouillée, le soleil déclinait lentement et le bruit des vagues devenait musique pour Alys qui s'offrait pour la première fois de sa vie. Elle s'offrait sans retenue, sans gêne et l'amour glissait sur elle comme une brise rafraîchissante, libérant tant d'affection retenue.

Pour la première fois, on lui rendait l'amour qu'elle donnait. Comme si le public était devenu homme et prenait la petite Alice dans ses bras. Depuis son enfance, elle avait espéré cette tendresse et cette douceur, et voilà qu'on lui redonnait un cœur, un corps et un sexe. Alys Robi était femme et femme aimée. Elle triomphait ce jour-là sans foule, sans micro, sans scène, et Olivier Guimond était le meilleur des amants.

Il aimait la pêche, les soirées en famille et la tranquillité. Elle était toujours aussi passionnée, entière et aimait l'amour que lui manifestait son amoureux. Ils cohabitèrent pendant un certain temps et Alys pensa qu'elle avait trouvé l'homme de sa vie. Mais sa vie, c'était aussi et surtout le monde du spectacle qui lui faisait également de l'œil. Pauvre Olivier qui a si souvent joué les clowns tristes ! Il devait faire face à un rival qui lui chipait de plus en plus souvent sa maîtresse : le show-business.

Rival de taille contre lequel il ne pouvait rien. Souvent, pour oublier sa solitude, il buvait jusqu'à l'ivresse. Ce qui n'était sûrement pas le meilleur moyen de retenir auprès de lui la jeune chanteuse qui contrôlait déjà sa vie et sa carrière et qui n'appréciait pas particulièrement cette faiblesse de comportement. Emprisonnée dans son ascension, Alys n'avait pas le temps d'abuser de l'alcool et des bonnes choses de la vie. Sa discipline était sévère, et son caractère intransigeant n'était pas toujours facile à supporter. Elle était pressée de réussir. Obsédée par la réussite.

« J'ai eu beaucoup d'amoureux, dira-t-elle plus tard, mais je n'ai jamais eu le temps pour les hors-d'œuvre de l'amour. » Alys était, à ce stade de sa carrière, en état d'urgence. Et Olivier ne pouvait suivre son rythme. Personne d'ailleurs ne pouvait suivre le rythme de vie qu'elle s'imposait, et Olivier s'est mis à suivre de loin l'évolution de sa carrière.

Alys avait trouvé le temps et les énergies pour chanter dans différents cabarets lorsqu'elle faisait partie de la troupe du National. Le dimanche, alors qu'elle se produisait dans les trois spectacles du National, elle trouvait encore des forces pour participer au premier spectacle de l'American Grill. Elle enchaîna par la suite en acceptant de faire des tournées dans les théâtres de la ville. Montréal était à la fin des années 1930 une métropole fascinante, débordante de vitalité et de spectacles et Alys Robi brûlait de se mesurer à elle.

Faire carrière à Montréal

Alys est très remarquée dans les spectacles préparés par La Poune et on parle de plus en plus de « la chanteuse du National ». Bernard Goulet, directeur des programmes à

CKAC, le plus prestigieux des postes de radio du pays, se rend au National pour voir le phénomène de plus près. Séduit, il propose une émission à la jeune Alys le soir même. Alys n'en demandait pas plus : ce sera le début de sa conquête de Montréal. Elle devient l'une des vedettes de « La veillée du samedi soir » en compagnie de Amanda Alarie et Gratien Gélinas. L'émission, diffusée depuis le Théâtre Château, obtient beaucoup de succès et on réclame la jeune chanteuse dans les cabarets, dans les théâtres et même à Radio-Canada, un jeune poste de radio fondé en 1936.

Alys est ravie. Ce n'est pourtant pas le début d'un conte de fées qu'elle s'apprête à vivre, mais l'amorce pragmatique d'une ascension réelle vers les sommets d'un art. Ce qu'elle prépare ainsi à la fin des années 1930, ce n'est rien d'autre que la plus phénoménale des carrières artistiques de l'histoire du Québec, alors qu'elle devra défricher, innover et inventer une carrière qui n'avait aucun équivalent au Québec. Elle n'avait aucun modèle, aucune source d'inspiration dans un coin de pays qui commençait à peine à prendre conscience de son identité culturelle.

4
LES DRAMATIQUES ANNÉES 1940

Comme toutes les légendes de l'industrie du spectacle, Alys Robi arriva au bon moment et au bon endroit. Ses années de gloire ne se sont confondues peut-être pas à la plus prestigieuse, la plus achevée, mais sûrement à la plus sympathique, la plus émouvante et réellement la plus dramatique des décennies. On a récemment mystifié les années 1960 en oubliant trop rapidement les si beaux rêves, les si belles envolées des années 1940 alors que le génie québécois émergea à tous les niveaux. Ce fut la décennie de l'impossible rêve, et il faut voir jusqu'où le rêve a mené les artistes de cette période fascinante.

La jeune Alys, qui demeure maintenant chez la comédienne Nana De Varennes, apprivoise cette métropole qui laisse une grande place aux enseignes lumineuses, aux spectacles, à la nuit et aux plaisirs.

La ville est l'une des plus populaires et des plus célébrées de l'Amérique. On parle tantôt d'une ville ouverte, tantôt d'un petit Chicago, d'un petit New York ou d'un Paris d'Amérique, et l'indiscutable métropole du Canada supporte facilement toutes ces comparaisons. Elle a le dos large, cette ville qui regroupe déjà bon nombre d'ethnies : elle abrite les cultures juive, italienne, portugaise, anglophone, francophone et elle mêle depuis la fin des années 1930 le jazz, la ballade américaine et la chanson française.

C'est pendant la période de la prohibition que le monde du spectacle a connu son plus grand essor à Montréal. Durant la grande période d'abstinence qui a ruiné bon nombre de cabarets de New York et de Harlem, de 1920 à 1933, Montréal a subi une véritable invasion d'artistes américains qui ont imposé un style de spectacle dans nos établissements transformés pour les besoins en *night-clubs*. Inspirés par les *variety shows* américains, les *night-clubs* présentaient une belle variété de numéros : cela allait des tours de magie jusqu'au dressage de chiens présentés par un M.C. toujours anglophone, qui chantait quelques *tunes* appuyé par un orchestre imposant. Tout cela dans une salle de danse pouvant accueillir une clientèle distinguée. Le plus réputé de ces *night-clubs* fut sûrement le Frolics Cabaret, situé à l'intersection de la rue Sainte-Catherine et du boulevard Saint-Laurent; il était doté d'une salle de danse dont la décoration s'éleva à 50 000 $, avec ses tentures de soie sur les murs. On raconte que le champagne coûteux y coulait à flots jusqu'au petit matin. Texas Guinan, un artiste américain originaire de New York, triomphait à cet endroit et avait incité certains Américains fauchés à découvrir Montréal.

Le Frolics Cabaret, qui allait devenir quelques années plus tard le Faisan Doré, après avoir été le Val d'Or café en 1942, a incité plusieurs propriétaires à transformer leur boîte en *night-club*.

D'autre part, on maintenait la vieille tradition du burlesque à Montréal. Depuis l'apparition du cinéma, on présentait des spectacles composés de numéros comiques inspirés du quotidien, un film généralement américain et une « ligne de filles » ou, si vous préférez, les fameuses *chorus girls*. Olivier Guimond père, Juliette et Arthur Pétrie ainsi que La Poune étaient les grandes vedettes du burlesque de ces années.

C'est dans ce monde que débutait la carrière montréalaise d'Alys Robi, qui remarqua la prolifération des *night-clubs* et la gaîté de la ville même en temps de guerre.

Lorsque la prohibition prit fin et que les Américains se remirent à consommer de l'alcool chez eux, bon nombre d'artistes et de visiteurs ont regagné leur pays. Mais ils ont laissé des traces de leur passage : d'abord un style très américanisé dans les boîtes de nuit, et surtout une certaine emprise de la mafia américaine qui a profité de la prohibition pour étendre ses ramifications jusqu'à Montréal. Il faudra maintenant compter avec ses distingués représentants dans les boîtes de Montréal. Il faut bien préciser cependant que dans ce milieu, la mafia n'est pas la pègre et qu'elle ne menace en rien le simple citoyen. Dans cette hiérarchie, la mafia est d'un cran supérieure à la pègre, et encore d'un cran de plus à la petite pègre.

À la fin des années 1930, l'industrie du spectacle doit suivre le courant, et le courant d'alors est francophone. Le Québec a dit non à la conscription par une majorité de près de 72 % tandis que le reste du Canada a dit oui à 63 %. Certaines consciences se réveillent et, sans parler de nationalisme tel qu'on l'entend aujourd'hui, c'est à tout le moins la reconnaissance du français qu'on demande encore bien timidement dans l'ensemble de la population. L'industrie du spectacle est en pleine mutation : Le King Edward devient le Roxy en 1937, le National fait des affaires d'or depuis 1935 avec La Poune et Olivier Guimond père fait rire au Starland en remplissant cette salle de 700 places.

Mais un phénomène est apparu depuis 1938 : c'est le grand succès d'un gavroche québécois, Fridolin, qui brise tous les records d'assistance au Monument National. Gratien Gélinas, qui a imaginé et joué le personnage, tiendra l'affiche de 1938 à 1946 avec les célèbres *Fridolinades*.

Lorsque Alys Robi arrive au National en 1935, le père Legault fonde la troupe de théâtre des Compagnons de Saint-Laurent et on associe cet événement à l'apparition de la « modernité » de l'art dramatique au Québec. Quelques années plus tard, en 1942, Pierre Dagenais fondera L'équipe, une troupe de théâtre audacieuse qui permettra la manifestation du génie de Dagenais, déjà éblouissant metteur en scène à l'âge de 19 ans.

À l'école des Beaux-Arts, fondée en 1924, les automatistes commencent à s'affirmer au début des années 1940. Ces jeunes créateurs qui passeront à l'histoire regroupent plusieurs beaux-arts. Ce sont des artistes qui voudront changer le monde et quitter la noirceur intellectuelle et artistique du Québec duplessiste. Bien que le génie ne fût pas le propre de tous les artistes de l'époque, dans les années 1940, le talent prédominait. C'est une forme de génie qui permettait aux artistes de survivre en résistant à une société qui sortait d'une lourde crise économique, qui vivait une guerre atroce et qui n'avait pas encore réussi à se définir en tant que peuple distinct. Ces génies avaient pour nom André Mathieu, Arthur Leblanc, Gratien Gélinas, Félix Leclerc, Claude Gauvreau, Paul-Émile Borduas, Jean-Paul Riopelle, Pierre Dagenais, Murielle Guilbeault, Robert Gadouas...

Alys Robi, quant à elle, avait le génie du spectacle. Parce que c'est aussi une manifestation de génie que de réunir autour de soi autant de gens, retenir autant d'attention et provoquer autant de discussions et de controverses. Greta Garbo, Marylin Monroe, Charlie Chaplin, Elvis Presley, James Dean ont été des génies qui ont su transformer, à leur insu parfois, leur art en mythe.

Et pour ce faire, il faut tout récupérer au nom du spectacle. Alys Robi a su par instinct, et ce, depuis sa très tendre enfance, que la véritable star doit l'être de façon continue en sacrifiant tout pour son art. Elle n'a pas eu l'enfance normale qu'on souhaite à tous les enfants, elle n'a pas eu ces moments d'adolescence fragile et rêveuse, parfois oisive. C'est une jeune fille seule qui n'a pour ainsi dire aucun ami dans ce milieu et qui commence déjà à multiplier ses apparitions pour satisfaire à la demande des directeurs de salles et de stations radiophoniques.

La guerre

Lorsque la guerre éclate en 1939, la tristesse envahit la population du Québec. D'abord, on ne voulait pas de cette guerre; et puis on craint le pire pour les êtres chers qui sont partis combattre à l'étranger. On craint la solitude, la misère et le rationnement des biens qui rappellent aux plus vieux les rigueurs de l'autre guerre, celle de 1914-1918. Paradoxalement, la guerre aura un effet bénéfique sur l'industrie du spectacle et Alys Robi tirera le maximum de la situation, de même que l'on tirera le maximum de sa personne et de son talent.

On la retrouve ainsi à 18 ans dans les rues de Mont-réal, lors d'une des rares soirées de répit. La jeune chanteuse vient d'être embauchée pour animer une nouvelle émission à Radio-Canada, « Tambour battant » où elle partage la vedette avec nul autre que la gloire nationale de l'époque, Fridolin lui-même. Cette nouvelle émission l'emballe, mais elle cherche un nouveau répertoire, un style.

À Québec, elle avait étudié l'anglais pour se familiariser avec la chanson américaine. Elle rêvait de New York en écoutant les postes de radio américains et elle se souvenait des artistes de passage dans la capitale de Québec qui lui avaient mis cette musique et cette image en tête. Elle avait bien appris et chantait avec brio des ballades américaines et françaises ; maintenant, il fallait trouver mieux. Elle avait remarqué que lorsqu'on reprenait les succès américains et français c'était avec beaucoup moins de bonheur que dans les versions originales. Elle ne pouvait songer à la chanson québécoise puisqu'à l'époque, celle-ci n'en était qu'à ses balbutiements. Rien pour ravir une jeune fille en mal de chansons.

C'est finalement en se rendant au cinéma qu'elle trouva le style de musique et de spectacle qui allait transformer sa carrière. On présentait ce soir-là un film mettant en vedette Carmen Miranda. Quel souffle ! Quelle énergie ! Et quelle fête ! Voilà ce qui convenait à une jeune chanteuse passionnée. Voilà exactement ce dont les gens avaient besoin en période de guerre. Elle n'allait pas copier mais réinventer, à sa manière, un style de musique qui allait faire sa fortune et sa gloire. En ces temps de morosité, il fallait donner aux soldats et à leurs familles du soleil, de la chaleur, du bonheur et surtout de l'évasion, de l'exotisme. Alys Robi a inventé l'exotisme au Québec bien avant les agences de voyages.

Pas question cependant de chanter une langue sans la connaître. Elle se mit donc à l'étude de l'espagnol sous la direction de madame Manolita Del Vayo. Les journaux de l'époque prétendirent qu'elle apprit l'espagnol en six mois. Avait-on exagéré comme on le faisait parfois dans les journaux à sensation? Elle apprenait vite Alys Robi, aussi vite que la petite Alice.

À Radio-Canada, l'émission «Tambour battant» prit rapidement de l'ampleur. Elle devint l'une des plus populaires et la troupe qui réunissait Gratien Gélinas, Alys Robi, Roland Bédard, Amanda Alarie et l'orchestre dirigé par André Durieux visita les camps militaires de la province. Sa tournée débuta à Longueuil et se poursuivit à Saint-Jérôme, Sorel, Joliette...

La radio des années 1940

La radio était l'instrument de communication privilégié durant les années 1940 et Alys Robi exploita ce média au maximum. On pourrait même avancer qu'aucun artiste d'alors au Québec ne se fit plus entendre qu'elle sur les ondes des stations d'ici et d'ailleurs. Mettant à profit l'expérience acquise lorsqu'elle était enfant à CHRC et CKCV à Québec, elle se hissa rapidement au rang des grandes vedettes de la radio. Tout au long des années 1940, elle se retrouvait parmi les aspirantes au titre de Miss Radio, consécration suprême à l'époque.

La radio informait, divertissait et réconfortait les familles pendant ces temps de guerre. C'est autour de la radio qu'on se réunissait au salon pendant les soirées d'hiver, et c'est autour de la radio qu'on imaginait les scènes glorieuses et pourtant mortelles de la guerre qui sévissait en Europe et que décrivaient avec émotion les journalistes et correspondants de guerre. Cette radio se voulait positive, consolante, et ne ménageait rien pour divertir ses auditeurs.

L'énergie et le dynamisme de la jeune Alys Robi cadraient bien avec cette orientation. Elle obtint beaucoup de succès avec « La Veillée du samedi soir » qui recréait à la maison l'atmosphère d'un grand spectacle de variétés, presque celle d'un music-hall avec de nombreux comédiens et un orchestre impressionnant. La radio, ne l'oublions pas, était la télévision du temps et son impact sur l'imaginaire de la population était considérable. Les budgets consacrés aux spectacles radiodiffusés étaient, toute proportion gardée, de même ordre que ceux qu'on accorde aux importantes émissions télé aujourd'hui, et les commanditaires étaient nombreux.

L'émission « Tambour battant » diffusée par Radio-Canada était en fait présentée devant un auditoire à l'Hermitage, salle qui devint plus tard la Comédie Canadienne et qui est maintenant le Théâtre du Nouveau Monde. L'émission fut si bien accueillie par le grand public qu'on forma des équipes et on présenta la même émission en tournée sous le titre « Tambour Major » dans différents camps militaires de la province. Alys Robi en était l'une des grandes vedettes avec Gratien Gélinas en Fridolin.

Jamais le public québécois n'a été aussi près d'Alys Robi que pendant ces spectacles présentés dans les camps militaires. On a dit par la suite qu'elle avait été la « chanteuse de la guerre » et, il faut bien le dire, elle avait mérité ce titre. Jamais elle ne refusa un engagement pour « soutenir le moral des troupes » selon l'expression consacrée. Les militaires l'adoraient. Rapidement consacrée la « darling » de tous les camps du Québec, elle allait bientôt sortir de la province et se produire à Petawawa, au Nouveau-Brunswick, et dans tout l'est du Canada. Elle remportera d'ailleurs le trophée Beaver en 1945 à titre de meilleure chanteuse du pays, honneur qu'aucune chanteuse québécoise n'a remporté depuis et c'est son exceptionnel « effort de guerre » que les Canadiens anglais ont reconnu en lui décernant ce prestigieux trophée.

Pour comprendre le succès qu'elle avait remporté auprès des militaires, il faut se souvenir de l'enfance d'Alice dans ce quartier défavorisé de Saint-Sauveur alors qu'elle présentait avec son père de nombreux spectacles de bienfaisance pour des causes humanitaires : elle avait aussi chanté pour le bénéfice des veuves des pompiers morts en devoir, puis pour acheter du lait aux bébés naissants, ou pour secourir des familles en détresse, et quoi encore ? Alys avait grandi dans un monde fier mais éprouvé, nourri de joies mais aussi de souffrances et de privations. Les auditoires, dans les camps militaires, ont rapidement reconnu en elle une fille du peuple, une artiste qui connaissait leur langage, leurs habitudes et leurs préoccupations.

La relation qu'elle entretenait avec son public était exceptionnelle et Alys fascinait les foules. Le comédien Émile Genest, qui était souvent appelé à jouer le rôle de maître de cérémonie pendant les spectacles qu'on présentait dans les camps militaires de la région de Québec ou de Chicoutimi, se souvient de la fougue d'Alys Robi sur scène : « C'est elle qui décidait quand elle devait sortir de scène, pas moi. Elle savait comment animer les gens, comment les émouvoir, les exciter et les faire languir. Lorsqu'elle revenait pour une dernière chanson, la salle explosait. Elle était vive, alerte et franche. Elle pouvait manquer de diplomatie, mais on savait toujours à quoi s'en tenir avec elle. Cette femme n'a jamais menti, vous pouvez la croire ». Sa vivacité et son franc-parler, son honnêteté et son authenticité, je les connaissais. Dès le début, j'ai cru en elle, et je n'ai jamais douté de sa parole.

Lucio Agostini

Si elle ne refusait pas les engagements dans les camps militaires, Alys ne refusaient pas non plus les autres engagements dans les grandes boîtes de la ville. Elle se produisait à l'Esquire lorsqu'elle rencontra Rusty Davis, réalisateur à Radio-Canada, qui était accompagné d'un musicien connu, Lucio Agostini. Elle chantait alors ses premières chansons sud-américaines avec une fougue et un sens du rythme tout à fait remarquables. Agostini fut fortement impressionné et demanda à rencontrer la jeune chanteuse. Cette rencontre allait changer le cours de la vie d'Alys Robi. Cet homme avait le même âge qu'Olivier Guimond, était un chef d'orchestre, arrangeur ayant déjà écrit des musiques de film. Il était issu d'une famille de musiciens. Fils du chef d'orchestre, arrangeur, compositeur, Guiseppe Agostini, Lucio né à Fano, en Italie, en 1913, avait entrepris des études musicales dès l'âge de cinq ans sous la tutelle de son père et, à 15 ans, il jouait déjà du saxophone ténor, de la clarinette basse et du violoncelle dans l'orchestre de théâtre de son père. À 16 ans seulement, il devenait violoncelliste dans l'orchestre philharmonique de Montréal. Il n'avait pas 20 ans qu'il dirigeait déjà sa propre émission à la station CFCF. En 1932, il commençait à composer des partitions de films pour Associated Screen News, travail qu'il poursuivait en plus de se produire régulièrement à Radio-Canada. Lucio Agostini avait baigné dans la musique depuis sa naissance. Naturalisé canadien en 1926, installé à Montréal avec ses parents depuis son enfance, Lucio Agostini parlait couramment quatre langues : français, anglais, espagnol et italien. En plus de ses indéniables talents de musicien, l'homme était doté d'un charme irrésistible qui attirait les femmes. Selon la chanteuse et comédienne France Castel, qui a travaillé avec lui dans les studios de Radio-Canada à Toronto, l'homme plaisait beaucoup. « J'ai bien failli lui succomber », dira-t-elle, en précisant qu'il était alors une véritable institution à Radio-Canada et au pays, car on le considérait comme l'un des grands chefs d'orchestre de son époque. En 1944, il n'avait pas encore atteint son apogée, il était ambitieux, brillant comme un soleil d'Italie et n'était pas insensible à la beauté d'une jeune femme dans la fleur de ses 20 ans.

Alys avait rapidement reconnu l'homme qui allait combler ses ambitions, l'homme qui allait lui donner la réplique jusqu'au sommet. Autant la femme que l'artiste était secouée, enivrée. Et son instinct ne la trompait pas. Lucio, résidant à Montréal mais souvent réclamé par les réalisateurs de Radio-Canada à Toronto, partageait son temps entre les deux grandes villes du pays.

La discussion s'anima entre Alys et ses deux admirateurs alors qu'ils s'attardaient à une table de l'Esquire. Subitement, Rusty Davis fit une proposition qu'Alys n'attendait pas.

— Et si on vous offrait une émission de radio à Toronto avec un grand orchestre ? Vous pourriez chanter cette musique sud-américaine que vous interprétez si bien.

— Mais j'ai plein d'engagements à Montréal. Ma carrière est en pleine ascension et je dois présenter des spectacles aux militaires.

— Il y a des militaires partout au Canada, Madame. Et puis Toronto, ce n'est pas si loin de Montréal. Tous les grands artistes voyagent.

— Vous me laissez un peu de temps pour y penser ?, fit Alys, toujours prudente en affaires.

— On vous fera parvenir le contrat.

Ils étaient donc sérieux, ces messieurs de Radio-Canada. Un beau contrat fort alléchant et cette perspective de sortir du Québec, d'aller voir ailleurs et... qu'est-ce qu'il était charmant ce Lucio... Bien habillé, très racé, cultivé, et il connaissait la musique.

Alys sera tenaillée pendant des semaines avant de se décider. Elle se souvenait de son départ de Québec vers Montréal, de sa première rupture lorsqu'elle quitta sa famille. Elle savait fort bien qu'elle allait rompre encore une fois avec son passé. À nouveau elle vivrait un deuil. Elle se savait entière, passionnée, et sentait déjà qu'elle allait se donner complètement dans cette nouvelle aventure à Toronto. Mais quelle aventure ? Une nouvelle trajectoire professionnelle, un auditoire anglophone à conquérir, et quoi d'autre ? Un homme ? Mais non, mais non ! Un musicien, qui rejoint le rêve de musique classique qu'elle nourrissait lorsqu'elle était enfant. Alice se voyait chanteuse classique et cette fois-ci, elle était bien près du but.

Elle avait plein d'images en tête. Elle s'imaginait au milieu d'un orchestre imposant, chantant sur des musiques espagnoles et s'adressant en anglais à tout le Canada et peut-être à toute l'Amérique. On ne sait jamais. Surchargée de travail à Montréal, elle se dit qu'il était insensé d'aller travailler à Toronto et retourna cent fois dans sa tête la perspective d'aller travailler dans la Ville reine. Puis elle signa le contrat qu'on lui proposait.

Il fallait maintenant informer quelqu'un qui comptait encore beaucoup dans sa vie. Ce fut la chose la plus difficile à faire. Olivier Guimond semblait s'accommoder de la vie trépidante de sa jeune compagne. Elle avait 20 ans, la belle Alys, et elle menait déjà sa vie à un train d'enfer.

«Je l'aime, il est bon, mais je ne peux partager ma vie avec lui», se dit Alys avant de lui apprendre son intention de quitter Montréal pour s'installer à Toronto. Alys se revoyait encore pénétrant dans une taverne interdite aux dames pour ramener son homme à la maison. Elle dira, elle écrira qu'Olivier Guimond a été son plus grand amour, qu'elle aurait aimé avoir des enfants avec lui, fonder un foyer. On comprend cette femme d'avoir aimé un homme si affectueux, mais les rêves se sont vite évanouis et, en fin de compte, Alys n'aimait plus Olivier avec la même fougue. Elle l'aimait moins, il buvait trop. Et je me demande si c'était encore l'homme qui lui convenait, maintenant qu'elle était éprise d'une... carrière. Il restait la tendresse, cet amour tranquille, respectueux, réconfortant. On raconte qu'Olivier aima Alys toute sa vie ; avant de mourir, la photo qu'il tenait sur sa poitrine était celle d'Alys Robi.

«Olivier s'est souvent marché sur le cœur, dira Alys plus tard. Il croyait en ma carrière et jamais il ne me fit obstacle. Il se sacrifiait, il était mon plus grand fan. »

— Je peux toujours déchirer mon contrat, dit Alys.

— Fais pas ça! Tu ne peux pas refuser une occasion pareille.

Olivier, le clown triste, capitula et laissa partir la femme qu'il aimait. Les clowns sont si généreux et, au cirque, ils se font toujours enlever leur jeune écuyère par le dompteur de lions. Le dompteur de lions s'appelait Lucio Agostini.

Toronto

Alys s'installa dans l'appartement de madame Shank à Toronto. Un appartement luxueux avec un grand salon dominé par un piano à queue. La ville lui plaisait. On adorait son accent français. Alys n'avait pas tout à fait quitté Montréal puisqu'elle y retournait au moins une fois par semaine pour participer à des émissions de radio. Alys n'a d'ailleurs jamais quitté Montréal, ni la ville de Québec. Elle faisait la navette dès la fin de l'année 1942 et le rythme de ses voyages allait s'accentuer.

En 1943, elle participa à un premier spectacle présenté au Forum de Montréal avec l'humoriste américain Jack Benny. Ce spectacle, qui s'adressait aux militaires, obtint un énorme succès : l'aréna de la rue Sainte-Catherine était rempli à pleine capacité. Benny avait surnommé Alys la « Carmen Miranda du Canada », elle en rougit de plaisir. L'animateur américain adorait Alys et, pendant le spectacle, alors qu'elle se déchaînait dans une samba brésilienne, il se joignit à elle en tentant d'imiter ses pas. Benny revint l'année suivante et réclama à nouveau la participation d'Alys.

Celle-ci se débrouillait fort bien à Toronto. Après le succès de l'émission « Rhapsody Americana » produite à Montréal, elle enchaîna dans les studios de la Ville reine avec « The Sunday Night Show », « The Spotligts » et une émission qui devait marquer sa carrière, « Latin American Serenade » au cours de laquelle elle chantait des airs sud-américains appuyée par un orchestre de trente-cinq musiciens dirigés par Isidore Shermann, qu'on appelait « Don Miguel » pour les besoins de l'émission sud-américaine. Une transcription de cette émission est faite par les services de Radio-Canada International, qui font parvenir les disques de ce programme en Europe, aux États-Unis et en Amérique du Sud. On imprime également, sur feuilles, les chansons jamais entendues auparavant, qu'on distribue au Québec et en Ontario.

Alys n'oublie pas le Québec dans son appartement de Toronto. Et le Québec ne l'oublie pas non plus puisqu'elle est nommée « Torch Singer » en 1943 par l'hebdomadaire montréalais *Radiomonde*. Elle participe à de nombreuses manifestations artistiques à Montréal et ne néglige pas les militaires qui la réclament dans tous les grands spectacles de l'armée.

Son rythme de vie est de plus en plus accéléré et rien n'indique qu'elle s'arrêtera, cette belle jeune femme qui ne refuse aucun engagement important. Dans cette course, elle s'isole de plus en plus. Tout le monde la connaît mais personne ne peut l'approcher, la saisir. Personne sauf Lucio Agostini, dont elle tombe amoureuse. C'est un passionné qui lui ressemble. Son charme est légendaire et son union avec Alys se situe à tous les niveaux. Il ne l'épouse pas mais il épouse sa carrière. Elle ne peut chanter sans lui. L'homme est imposant, exigeant et, tout comme Alys, il vise les sommets. Il devient un chef d'orchestre réputé qui a son nom aussi en évidence que celui d'Alys dans les annonces publicitaires des émissions de radio auxquelles ils participent.

L'homme est séparé de son épouse lorsqu'il rencontre la jeune chanteuse. Il a deux enfants qu'il protège comme un père italien. Il est également très lié à sa sœur Gloria, et Alys s'intégrera à cette famille avec beaucoup de chaleur. Gloria était aussi musicienne. Elle habitait New York où elle était harpiste dans l'orchestre symphonique que dirigeait alors le célèbre Arturo Toscanini. Lucio, qui demeurait à Montréal avant sa rencontre avec Alys, s'installera à Toronto pour vivre une union parfois tumultueuse, toujours exaltante. Lucio est l'homme qui a stimulé Alys Robi plus que tout autre. Ils peuvent se bouder pendant deux semaines parce qu'ils ne s'entendent pas sur un accord musical, et fêter ensuite leurs retrouvailles pendant un long week-end. Toutefois, Lucio avait peur du succès d'Alys. Un succès qui devenait énorme.

1944

En 1944, Alys remporte le trophée Laflèche à titre de meilleure chanteuse populaire de l'année de langue française et de langue anglaise. Elle reçoit aussi à Québec le titre d'ambassadrice du bon accord que lui décernera le recteur Pouliot de l'Université Laval. Le succès a bon goût, la reconnaissance est enivrante, et Alys se sent investie d'une mission. Désormais, c'est un peuple qui chante en elle. Elle sera le Québec d'un bout à l'autre du monde. Sans limites. Elle n'a jamais été aussi près des étoiles, mais elle n'y touche pas encore...

Alors que le Québec prend de plus en plus de distance avec Ottawa depuis la crise de la conscription, alors que le Bloc Populaire rassemble les autonomistes de la province depuis 1942, Alys partage sa vie avec bonheur entre Montréal et Toronto. Elle sème la paix, la bonne entente entre les deux peuples du Canada et réunit ce qu'on appellera plus tard les deux solitudes autour d'une samba brésilienne adaptée à la mode canadienne. Sans le vouloir, Alys Robi devient un symbole de l'unité canadienne et les anglophones du Canada l'adorent. En réalité, elle symbolise l'ambiguïté des nationalistes de la première heure qui cherchent l'affirmation de la culture française en Amérique tout en maintenant des liens avec la confédération canadienne et même avec l'Angleterre. D'ailleurs, Alys adorait l'Angleterre et aimait le regard limpide de la reine Elisabeth. Elle deviendra même « Lady » beaucoup plus tard et porte aujourd'hui ce titre avec fierté. Mais le nom d'Alys lui a été inspiré par le lys québécois, cette fleur de lys qui flottera sur le Parlement pour la première fois en 1948. Le drapeau du Québec. Était-ce un rêve que de concilier toutes ces tendances, de consolider tous ces liens? Alys n'en était pas à un rêve près et sa mission de paix et de bonne entente allait se poursuivre à l'extérieur du pays

Les Québécois à l'étranger

En 1944, alors que la guerre achevait, les artistes du Québec manifestaient un intérêt grandissant pour l'étranger. Le pianiste André Mathieu, qui se produisait autant à Paris qu'à New York dans les années 1930, avait été pressenti pour interpréter le rôle de Mozart enfant, en compagnie de Shirley Temple, à Hollywood. On lui avait également promis un film à Paris. L'enfant prodige allait devenir une vedette à part entière. La guerre avait malheureusement contrecarré tous ces beaux projets en 1939.

Gratien Gélinas créait à New York, en novembre 1945, la pièce de Niklos Laszlo et Eddie Dowling, «Saint Lazare's Pharmacy» aux côtés de Miriam Hopkins. Il interprétait le rôle d'un commis de la pharmacie au centre d'un village du Québec. Léopold Simoneau, de même que Pierrette Alarie qui deviendra sa femme, se produisaient au Carnegie Hall. Le violoniste Arthur Leblanc jouait au Metropolitan de New York avec beaucoup de succès et sa carrière internationale était suivie par la presse montréalaise. Les comédiens Paul Dupuis et Henri Letondal travaillaient souvent à l'étranger. Dupuis, en Angleterre, et Letondal, à Hollywood, où il campait des personnages secondaires très remarqués. Il tourna dans six films durant les années 1940, à Hollywood, et Dupuis se fit surtout valoir dans *Johnny Frenchman*. De plus, le cinéma québécois faisait ses premiers pas de façon spectaculaire. Après *Le père Chopin*, d'influence nettement française, qu'on tourna au Québec avec un langage emprunté, on réalisa avec des moyens limités un film qui monopolisa les meilleurs acteurs du Québec. *La forteresse* a été le film le plus achevé de cette décennie et son succès fut considérable. Paul Dupuis partageait la vedette avec Nicole Germain dans ce *thriller* qui se déroulait à Québec, plus précisément dans le décor des chutes Montmorency. Murielle Millard se produisit également à New York au moment où nos artistes ouvraient les portes du monde. Le ténor Raoul Jobin, natif lui aussi de la paroisse Saint-Sauveur de Québec, se faisait entendre à l'Opéra de Paris. On peut se demander si ceux-ci étouffaient au Québec, s'ils devaient s'expatrier pour survivre? Ce n'était sûrement pas le cas d'Alys Robi qui pouvait fort bien vivre au Québec.

Refermons l'album pour écouter ce pauvre pianiste qui s'acharne à jouer un vieil air américain que personne ne reconnaît. Une version moderne de «Joe Finger Ledoux», personnage imaginé par Robert Charlebois, qui gagne ses dollars en jouant dans un bar. C'est toujours triste, un pianiste de bar que personne n'écoute et qui reprend invariablement les mêmes mélodies, soir après soir. Mais cette nuit, il sera notre complice, il nous accompagnera jusqu'à la fin. Nous ne fermons pas boutique, c'est encore l'Halloween alors que tous les chats sont gris.

Des amis nous rejoignent autour de la table et nous parlons d'amour. Quel merveilleux sujet de conversation qui réunit tout le monde. Chacun sa petite histoire, son premier divorce, sa première séparation et on arrive fatalement à une grande peine d'amour avouée à deux heures du matin. Je crois même entendre notre pianiste jouer Feelings. *Il a tout compris, le brave.*

Alys a beaucoup aimé, a trop aimé, elle ne me l'a pas encore avoué mais je le sais, je le sens. Quand elle parle du Mexique des années 1940 et des nuits au clair de lune à bord d'un yacht, d'Olivier Guimond sur la plage, de Lucio le passionné, nous devenons tous auditeurs, spectateurs, voyeurs des vrais amours, des grands amours de cinéma.

«J'ai connu de beaux hommes et j'ai même marié le plus beau. Olivier a été le premier. C'était la tendresse, la générosité et

l'amour fou quand j'avais 17 ans, mais il buvait tellement. Je l'ai aimé, je voulais des enfants avec lui. Et puis j'ai rencontré Lucio. Olivier n'était pas très connu dans le temps et moi, je brûlais de réussir. Lucio a été ma grande passion. On se complétait dans tout, il devait être, lui, mon grand amour et tout a brisé un jour. Je ne l'ai jamais rappelé. »

« J'ai pas été chanceuse avec les hommes de ma vie. J'ai toujours rencontré des hommes avec des problèmes. L'un c'était la boisson, l'autre avait des enfants, mais moi, je ne savais rien de tout ça quand je les rencontrais. J'encourageais Lucio à s'occuper des études de ses enfants, que je n'ai jamais vus d'ailleurs. Olivier ne m'a jamais oubliée, je le sais, il n'a jamais pu rester longtemps avec la même femme par la suite. Ces hommes étaient toujours plus vieux que moi, plus expérimentés et me cachaient souvent des choses. J'ai été heureuse, j'avais tellement besoin d'affection, mais j'ai beaucoup souffert. »

Ce que je n'ai jamais compris, c'est la contradiction chez une femme qui affichait une foi indéfectible en Dieu et en son Église, qui faisait sa prière et ses Pâques, et qui, en même temps, se permettait des amants dans les pudiques années 1940. Suis-je assez naïf en croyant tout ce que ma mère disait de cette époque ? Était-on plus libre que je l'imaginais ? Il faudra bien oser la question.

— Là-dessus, j'ai consulté le grand « boss » en haut et je crois qu'il a compris ma solitude, mon désarroi alors que je menais une carrière à un train d'enfer et que j'étais captive de mes ambitions. Je n'avais plus de temps à moi. Je ne pouvais pas me marier.

— Utilisiez-vous des moyens de contraception à cette époque ?

— Je bougeais tellement sur scène que je ne pouvais pas tomber enceinte...

J'ai regretté ma question, mais j'ai tout de même obtenu une réponse. Alys n'évite et ne contourne jamais les questions, même les pires, comme celle-là. « I'll drink to that », mais mon verre est vide. Il est vide depuis longtemps. Moi aussi j'ai horreur des « alcooliques », on est fait pour s'entendre. D'ailleurs, il faudra s'entendre pendant de longs mois, se faire mutuellement confiance et retrouver la vie d'Alys Robi dans les albums. Je tourne la page.

Alys à New York

En 1944, ses cachets dépassaient les 2 000 $ par semaine. Somme considérable à l'époque. Pendant cette année, elle participa à pas moins de onze émissions de radios hebdomadaires. D'autres comédiens en firent autant mais toujours dans une même ville, alors qu'Alys se produisait à Montréal et à Toronto, et maintenant New York s'ajoutait au programme.

En 1944, Alys Robi enregistre ses premiers disques chez RCA Victor à New York. Elle demande et obtient le même studio et le même chef d'orchestre que Perry Como, le chanteur vedette de la maison cette année-là. Elle enregistre des succès américains et sud-américains en version française. Son émission « Latin American Serenade » est entendue à New York, on connaît la chanteuse et on l'invite à la NBC. Elle participe à l'émission « The Contented Hour », au « Jack Smith Show ». Au « Carnation Hour », elle retrouve Jack Benny alors qu'elle chante avec les orchestres de David Rose et de Percy Faith. On l'engage au Quartier Latin, au Blue Angel et au Copacabana. New York, c'est près de Montréal, mais encore plus proche de Toronto et Alys revient souvent chez elle retrouver Lucio.

Les allers-retours sont nombreux et personne ne semble en mesure de suivre la trace de cette comète rousse. Elle fait alors la navette sans arrêt entre Montréal, Toronto et New York. Et Alys ne s'épuise pas, au contraire, elle brûle de poursuivre son élan, d'aller encore plus loin et de briller de son plus vif éclat, comme si elle pouvait craindre que tout cela ne puisse durer. Comme si elle était consciente qu'il fallait vivre à tout prix cette gloire éphémère.

Peer et l'Europe

À son retour à Toronto, un homme venu des États-Unis demande à la rencontrer. Cet homme distingué est le plus grand éditeur de musique au monde. Il se nomme Ralph S. Peer et il dirige, avec son épouse Monic, la Peer International Music et la Southern Music Publishing Company. Cet homme d'affaires de Los Angeles avait remarqué qu'une certaine Alys Robi provoquait la vente de milliers de partitions musicales au Canada, qu'on désignait ici sous le terme de musique en feuille. La musique sud-américaine semblait connaître la faveur du public canadien et l'homme eut l'idée d'étendre ce marché jusqu'en Europe.

— Miss Robi, je vous offre la possibilité de vous faire connaître en Europe et de propager là-bas la musique sud-américaine. Je pense qu'il y a un marché particulièrement intéressant pour quelqu'un qui chante en plusieurs langues. Vous avez le charisme et l'expérience de la scène pour devenir une grande vedette dans les vieux pays.

Voilà! Ça y était! Après tant d'années de travail, de répétitions, d'études, de voyages, de risques, Alice recevait de la part d'un inconnu la clef magique. Celle qui donnait accès à la cité des étoiles, des vraies étoiles qui font rêver le monde entier. Elle était à la porte d'une carrière internationale. Elle allait donner raison à son père qui racontait à tout son monde dans le Vieux-Québec que sa fille allait être la première star du Québec. « *The sky is the limit* », lui avait bien dit un jour son frère Paul-Émile et, cette fois-ci, elle saisissait tout le sens de ce qui n'était qu'une expression d'encouragement. C'était vrai maintenant et il n'y aura jamais plus de limites pour elle.

Ralph S. Peer mit en place tous les détails relatifs au premier voyage d'Alys en Europe. Pour la première fois, on s'occupait d'elle. Pour la première fois, elle avait confié sa carrière à quelqu'un d'autre. Alys n'avait jamais eu de gérant et avait négocié chaque paragraphe de tous ses contrats jusqu'à ce jour. Ralph S. Peer n'avait pas le mandat de gérer sa carrière, mais il avait les contacts et l'expérience nécessaires pour permettre à la jeune chanteuse de s'affirmer en Europe. Il pensa que le premier pays à conquérir était l'Angleterre, un des rares pays libres en ce temps de guerre.

Alys revit ses parents avant de quitter le pays, célébra l'événement avec la famille réunie à Québec. Son père, Napoléon, était certes l'homme le plus heureux du groupe : sa fille chérie quittait le pays pour l'Europe, mais cette fois-ci avec sa bénédiction.

Elle se rendit à Londres par avion et on peut dire que ce voyage fût le plus heureux et le plus prometteur de la carrière d'Alys.

Elle remporta un éclatant succès aux deux émissions radiophoniques de la BBC, « Accordeon Club » et le « Carl Lewis Show ». La popularité de ces émissions permit à Alys de se faire entendre un peu partout en Angleterre et d'être sollicitée par plusieurs théâtres et cabarets londoniens. On remarqua spécialement sa performance au très sélect « Orchid Room » du Mayfaire Square, à Londres, fréquenté par des personnalités internationales : hommes d'état, comédiens et magnats de l'industrie. Alys est âgée de 21 ans à peine et les propositions pleuvent sur elle. On veut faire connaître la Canadienne partout en Europe, elle qui chante avec tant d'énergie. On veut voir également l'une des plus jolies chanteuses du monde, selon bon nombre d'observateurs et de critiques.

S'il y eut un conte de fées dans la vie d'Alys Robi, ce fut à ce moment-là, alors qu'elle découvrait le faste, le romantisme et la majesté de l'Europe qui déroule ses tapis devant les reines. Et Alys se rendit compte dans ce pays inconnu, et dans les autres qu'elle visita par la suite, qu'elle pouvait, elle aussi, faire partie de ce cortège des demi-dieux qu'on encense et qu'on vénère. Elle avait sa place parmi les grands, elle qui avait vécu autour de tant de démunis pendant les années difficiles de son enfance. Cependant elle ne renia jamais son petit coin de pays qu'elle magnifia et qu'elle présenta partout comme le plus beau pays du monde.

Elle se rendit par la suite en France et visita une première fois Paris. Comment ne pas s'émerveiller devant la tour Eiffel, les Champs-Élysées, l'Arc de triomphe et la gaîté des boîtes parisiennes ? Alys a vécu sous le charme de la Ville lumière pendant un certain temps, mais il n'y avait plus de place pour des contes de fées dans une ville occupée par les Allemands. Derrière la tour Eiffel et tous les monuments se cachait une misère bien plus grande encore que celle des pays d'Amérique. Le rationnement était affligeant ; on mangeait son pain noir durant les années de guerre en France et un peu partout en Europe. Alys avait préféré l'Angleterre à la France ; comme ambassadrice du bon accord en France, elle usa de formules polies et sympathiques, selon le bon usage diplomatique.

« Quand je parlais du Canada, il fallait toujours que j'explique que nous ne portions pas de plumes sur la tête, que nous ne vivions pas dans des tentes », dira plus tard la jeune chanteuse à des intimes. À Paris, elle se produisit au cabaret « Chez Maxime » où elle rencontra Maurice Chevalier. Éprouvant un choc culturel que souvent vivent les Québécois qui effectuent une première visite en terre française, elle ressentit l'irrésistible besoin de parler du Canada et de la province de Québec. Justement, Maurice Chevalier avait déjà songé à présenter son spectacle au Québec. Alys l'incita à venir dans le « plus beau pays du monde ». Il faut croire qu'elle fût convaincante puisque la coqueluche des chanteurs français s'amena au Québec peu de temps après.

Alys poursuit son voyage en France en se rendant jusque sur la Côte d'Azur. Après les visites éclairs en Suisse et en Hollande par la suite, elle revient chez elle, à Toronto, car une nouvelle émission l'attend dans la Ville reine, « Dream Time », qui débute à la fin de janvier. C'est dans cette émission que Lucio dirigea le Grand Orchestre chaque mardi soir sur le réseau. Alys maintient toujours ses liens avec le Québec et New York et ne cesse d'effectuer des navettes éprouvantes entre ces grandes villes. Un jour, toujours aussi impulsive, elle décide d'appeler un des directeurs de la BOAC, aujourd'hui British Airways, et lui demande un avion pour son usage personnel. Rien de moins ! J'imagine que les étoiles ne voyagent que par avion et Alys est devenue en 1945 une grande étoile. Ce voyage en Europe l'a enivrée, il l'a propulsée dans la stratosphère des artistes glorieux. Maintenant, c'est le monde qu'elle s'apprête à conquérir avec l'enthousiasme et aussi la naïveté qui subsistent en elle, comme la petite fille qui cherche encore un jouet. S'il faut conquérir le monde pour obtenir tout l'amour dont elle a besoin, elle fera cette conquête et vite !

C'est ainsi qu'elle loue un avion et engage deux pilotes qui la conduiront dans les grandes villes américaines et canadiennes : Montréal, Toronto, Québec, Ottawa, New York, Petawawa, ne sont plus qu'à quelques heures de vol. Elle a fait installer une loge dans la section des passagers et amène avec elle musiciens, coiffeuses, habilleuses, amis et invités. Lorsqu'on s'inquiète du coût d'une telle entreprise, Alys répond : « Avec un avion à ma disposition jour et nuit, je peux accepter beaucoup plus d'engagements. C'est moins cher que l'avion commercial, et j'y gagne au bout du compte ».

Depuis sa tournée européenne qui a été couronnée de succès et qui lui a apporté une grande crédibilité dans le milieu artistique là-bas et ici, Alys a évolué, grandi et elle se mesure maintenant aux plus grands de sa profession. Elle évolue aux côtés de Lucio Agostini dans « Dream Time » diffusée depuis Toronto et on se rend bien compte que la relation n'est plus la même entre elle et son chef d'orchestre. Si le succès enivre Alys, il ramène drôlement Lucio sur terre. L'homme a peur du succès d'Alys, et il en prend ombrage. Il n'y en a plus que pour Alys Robi en 1945 et très peu pour lui. Lucio n'est pas Olivier Guimond. Son ego est fier et il se heurte souvent à celui d'Alys, gonflé par son succès européen.

Un soir, ils décident d'éclaircir la situation entre eux. La discussion est longue, pénible parfois, et Alys décide de

reprendre sa liberté. Encore une fois, elle dira « officiellement », avec sa diplomatie habituelle, que la vie et la carrière les ont séparés, mais que tous deux avaient compris et
avaient accepté cette rupture. Mais on verra plus tard qu'il
en fut autrement...

Alys cacha en fait le plus grand chagrin d'amour de sa
vie. Pendant des mois elle le voyait partout, l'imaginait au
piano tout près d'elle. Cet homme comprenait sa musique
comme personne d'autre. Il la sentait, la devinait, la précédait et s'ils n'étaient pas unis par les liens du mariage, ils
étaient fortement unis par les liens de la musique. Dans le
cas d'Alys, c'était encore plus douloureux. Elle traîna sa
peine pendant de longs mois. Certains ont dit de longues
années.

« C'est la rupture avec Lucio qui a complètement désé-
quilibré Alys, raconte Rose Ouellette. Elle n'était plus la
même après. »

Mais Alys avait maintenant des ailes et pouvait s'enfuir
très loin. Elle pouvait également s'étourdir dans le travail,
poursuivre sa course vers les étoiles et chanter un peu partout dans le monde. Cette année-là, elle présenta des spectacles à l'Esquire à Montréal et au El Moroco, entre autres,
et sa carrière poursuivait son ascension fulgurante. Elle
obtenait le trophée Beaver à Toronto et préparait un long
voyage au Mexique.

Le Mexique

Ce voyage eut lieu au printemps de 1945. Alys s'installa
à Mexico pendant plus de quatre mois. L'interprète de tant

de succès sud-américains avait décidé d'aller à la source même d'une musique qui faisait sa gloire. Elle voulait tout connaître du Mexique : l'histoire de ce pays, les gens, leur culture, les bijoux qui la fascinaient et la vie artistique, et surtout la musique. Alys Robi n'a jamais imité, dilué ou copié la musique sud-américaine : elle avait intégré à sa culture, à sa personnalité, cette célébration de la vie, ce rythme qui réflète l'âme et la pulsion mexicaine. Comme elle voulait rencontrer également les musiciens et les compositeurs du pays, elle fut présentée au plus grand d'entre eux (comment pouvait-il en être autrement?), Gabriel Ruiz, musicien, compositeur, arrangeur musical de premier ordre qui lui offrit de nouvelles chansons et la conduisit dans les milieux privilégiés du Mexique. Je ne sais pas si Ruiz parvint à séduire la jeune Alys, mais il est bien évident qu'il fut évincé par un personnage hors du commun, le prince charmant dont rêvaient bien des femmes : Guillermo Gonzalez Camarena.

Cet homme fortuné, aux yeux noirs et aux cheveux noirs, faisait partie du *jet set* de l'époque. Il s'affichait avec les plus belles stars du pays, voyageait dans un yacht somptueux et semblait auréolé d'un romantisme éternel. Ingénieur et homme d'affaires, il avait mis au point une technique révolutionnaire qui permettait la transmission des émissions de télévision en couleurs. D'origine espagnole, il connaissait parfaitement les plus beaux coins et les meilleures tables du Mexique et permit à la jeune Alys d'oublier son métier et ses obligations pendant de délicieux moments sous le soleil. Cet homme courtois aimait la femme avant la star. Il lui faisait découvrir un pays et elle découvrait un homme tout aussi démesuré qu'elle, passionné mais attentif, délicat, romantique comme on ne peut l'être qu'au Mexique. Fatalement, elle tomba amoureuse pour la troisième fois de sa vie. Ces longues croisières en bateau ravirent Alys qui n'avait jamais été aussi bien courtisée, comblée et admirée.

Elle n'oubliait pas cependant ses objectifs principaux dans la vie, qui tournaient constamment autour du show-business. Elle profita de son séjour au Mexique pour se faire connaître de la population par l'entremise de la radio où elle devait obtenir encore une fois un succès retentissant. On l'entendit de plus en plus souvent sur les ondes de la station XEW, la plus puissante au monde à cette époque. C'était également la station la mieux équipée avec cinq salles de spectacles d'où étaient diffusées les émissions de radio. Alys parlait couramment l'espagnol et évoluait avec beaucoup de facilité dans un monde qu'elle avait appris à connaître et à aimer. Elle profita également de l'occasion pour se produire sur scène. On doit parler encore une fois d'un grand succès populaire puisqu'elle présenta son spectacle au réputé Cyros pendant quatre mois. Guillermo était constamment à ses côtés, il assistait à tous ses spectacles et accompagnait la jeune chanteuse un peu partout au pays.

Les soirées étaient longues, les nuits très courtes et Alys se laissa aimer en tâchant d'oublier Lucio. Elle se laissait griser par les paroles et les promesses de son nouvel amant. Un amant passionné qui lui demanda un jour d'abandonner sa carrière, de l'épouser et de partager avec lui sa richesse et sa gloire. Il lui offrit même un superbe yacht avant d'obtenir sa réponse. Comme il savait toujours bien faire les choses, Guillermo avait organisé une réception pour célébrer le baptême de ce petit bijou flottant qu'il avait nommé « Miss Canada Dry » en l'honneur de la chanteuse qui buvait surtout du ginger ale.

Si Alys refusa quelques jours plus tard cette proposition de mariage, elle en fut quand même extrêmement flattée. Que dire, elle en fut transportée de plaisir et de satisfaction ! Elle se souviendra d'ailleurs longtemps après de ce moment féérique de cette demande dont toutes les femmes ont rêvé un jour dans leur vie. Guillermo ressemblait au prince charmant qui déposait à ses pieds son amour, sa vie et sa fortune, un soir au clair de lune. Le souvenir est demeuré impérissable dans sa mémoire et il lui arrive parfois de regretter cette vie idyllique que lui proposait Guillermo.

Durant cet été de 1945, Alys Robi filait plus rapidement que jamais vers son destin, celui qu'on lui avait tracé toute petite et qu'elle a complètement assumé par la suite. À ce moment-là, il n'était pas question pour elle de partager la gloire de quelqu'un d'autre. Elle était à deux pas du paradis de tous les artistes du monde. Elle était à deux pas d'Hollywood qui l'attendait.

Hollywood

La toute puissante Metro Goldwin Mayer lui avait fait savoir par télégramme qu'on réclamait sa présence pour tourner un bout d'essai à Hollywood, les fameux *screen tests*, qui déclenchent ou anéantissent les carrières. Alys quitte Mexico en septembre pour se rendre à Hollywood.

Voilà le moment qu'attendait Alys depuis longtemps. C'est évidemment la réalisation de ses rêves. On l'attend, on la connaît à la MGM et il n'y a plus qu'à être à la hauteur de sa réputation et à bien se comporter sur le plateau. Dans son entourage, on se croise les doigts.

La légende veut qu'Alys Robi ait échoué cet essai à Hollywood. C'est là qu'on situe le drame de sa vie alors qu'on raconte qu'elle a subi un accident de la route juste à la veille de son essai dans la capitale du cinéma, en septembre 1945. Il n'en est rien et il faut reconstruire la chronologie des faits. Tout se déroule merveilleusement bien pendant le *screen test* qui dure plusieurs semaines. On veut connaître toutes les possibilités de l'artiste, on la fait jouer dans toutes les situations possibles et on la fait chanter. Cet essai cinématographique, en couleurs s'il vous plaît à une époque où ce n'est pas courant, a lieu sous la direction de Jack Cummings ; la prise de vue est de Robert Lewis et les arrangements musicaux sont de Johnny Green et Ray Sinatra.

Alys profite de son séjour à Hollywood pour rencontrer Van Johnson, comédien fort populaire à l'époque, Gregory Peck et Carmen Miranda qui la reçoit gentiment chez elle. L'événement est important puisqu'il s'agit de deux chanteuses souvent comparées l'une à l'autre. Surnommée la Carmen Miranda canadienne, Alys brûlait d'envie de rencontrer l'artiste originaire du Brésil qui avait inspiré, dans une certaine proportion, sa propre carrière. D'autre part, Carmen Miranda devait être intéressée à rencontrer celle qui pouvait constituer une véritable menace pour elle. On sait que tous les grands artistes sont d'éternels insécures qui n'apprécient pas particulièrement qu'on suive leurs traces. Carmen Miranda est âgée de 36 ans lorsqu'elle rencontre Alys qui n'en a que 22. Même si elle est payée deux millions de dollars par année par la Twelve Century Fox, Carmen Miranda est sur son déclin alors que sa visiteuse est en pleine ascension. Celle qu'on surnommait « la bombe brésilienne » lorsqu'elle chantait *Chica,*

Chica, Boom Chic, Aye Aye ou *Mama yo quiero* avec des fruits croulants sur la tête, a connu des succès au cinéma avec *Une nuit à Rio* et *Un week-end à la Havane* et d'autres films tournés au début des années 1940. En 1945, Carmen Miranda cherchait un nouveau souffle et une nouvelle maison de films. Si l'on a déjà spéculé sur les intentions de la MGM, en prétendant qu'on voulait mesurer Alys Robi à Judy Garland, c'est peut-être plutôt à Carmen Miranda qu'on a pensé en invitant Alys à tourner ce bout d'essai. Un bout d'essai sans histoire, semble-t-il, dont Alys ne connaîtra pas les résultats avant son retour au Canada.

Ça atomiqu't'y ?

On attend fébrilement Alys dans la métropole canadienne pour la création d'une grande revue écrite par Henri Deyglun, *Ça atomiqu't'y ?*, présentée au Monument National à la fin de décembre 1945 et au début de janvier 1946. Alys, qui doit répéter en toute hâte ce spectacle, participe tout de même au *Gala des artistes* le 22 novembre au Forum de Montréal, spectacle donné au profit des artistes lyriques et dramatiques.

Henri Deyglun a composé des chansons sur mesure pour Alys dans la revue humoristique *Ça atomiqu't'y ?* qui remporte un certain succès au Monument National. Alys est entourée entre autres de Juliette Huot, Fred Barry, Janine Sutto, Mimi D'Estée, Miville Couture et Jacques Normand. Les critiques montréalais se font conciliants et insistent surtout sur la performance d'Alys Robi, qui est selon eux la vedette du spectacle. Cette revue satirique n'est pas la meilleure de monsieur Deyglun et on ne se tord pas

91

de rire dans la salle. Mais Alys sauve littéralement cette revue québécoise par son dynamisme, son entrain et sa distinction. « Elle est sexy mais jamais vulgaire », écrit-on. On l'écrira souvent.

La jeune chanteuse s'exécute avec beaucoup d'entrain et cela se comprend facilement puisqu'on lui a remis un télégramme alors qu'elle répétait ses chansons, quelques jours avant la première de *Ça atomiqu't'y* ? Le télégramme provenait d'Hollywood et lui apprenait qu'elle avait réussi son bout d'essai. Alys explosa de joie. Elle avait réussi : Hollywood avait reconnu ses talents et il n'y avait plus qu'à attendre la suite des événements.

Quelques semaines plus tard, alors qu'elle participait à l'émission radiophonique « Canadian Cavalcade » diffusée sur le réseau anglais de Radio-Canada, elle expliqua aux animateurs Lorne Greene (qui devint célèbre avec la série américaine « Bonanza ») et Cy Mack comment son expérience à Hollywood s'était déroulée :

— Ce fut formidable, dit-elle. J'ai été à Hollywood pendant un mois et je n'ai jamais travaillé aussi durement de ma vie.

— Un mois ? La plupart des gens imaginent qu'on n'a qu'à se présenter devant la caméra pendant quelques heures à Hollywood pour un bout d'essai et les techniciens s'occupent du reste, réplique Cy Mack.

— Je pensais qu'il y en avait pour quelques jours tout au plus, enchaîne Alys, mais il m'a fallu tout un mois parce qu'il faut des jours pour se préparer, essayer les costumes, choisir les chansons, apprendre des textes. Je devais être au studio à six heures du matin, ce qui veut dire que je me levais au milieu de la nuit et je n'en ai pas l'habitude. Chaque matin, je passais trois ou quatre heures à la salle de maquillage, à la salle de coiffure et aux essayages. Il fallait de plus filmer des scènes dans le désordre. Un jour j'ouvrais la porte et j'entrais dans la maison et le lendemain, je devais monter l'escalier qui me menait à cette porte. J'étais complètement mélangée.

Alys interpréta en français *La route enchantée* lors de cette émission et on annonça finalement que la jeune Canadienne française devait retourner bientôt à Hollywood : « Tous les Canadiens vous souhaitent la meilleure des chances dans votre nouvelle carrière cinématographique », lui dit l'animateur Cy Mack.

D'ici là, c'est la ville de Québec qui l'attend. Après les représentations de *Ça atomiqu't'y ?* de Montréal, on poursuit au Palais Montcalm à Québec. Le spectacle est imposant : il met en scène une dizaine de comédiens, un orchestre, de nombreux décors et la grande salle du Palais Montclam convient à ce genre d'événement artistique.

Nous sommes le 7 février 1946 et ce soir-là, le spectacle a « atomiqué » comme jamais depuis sa création. Pourtant ce n'est pas sur scène que l'action s'est manifestée : pas moins de 300 étudiants ont pris place au balcon pour huer les interprètes et se moquer des mauvaises blagues dont le spectacle regorgeait, semble-t-il. Les policiers se sont précipités au balcon pour calmer les étudiants et il s'en est suivi une épreuve de force entre les constables et les étudiants, ce qui a provoqué l'arrêt du spectacle. L'auteur Henri Deyglun a tenté d'apaiser la foule en prenant la parole sur scène mais on l'a tellement hué que le pauvre homme dût faire marche arrière. Alys, la vedette du spectacle, qui devait donner son numéro un peu plus tard, se rendit jusqu'au balcon où elle s'adressa aux étudiants, leur demandant de se calmer et de faire preuve de courtoisie envers les artistes qui venaient présenter un spectacle dans sa ville.

Les policiers arrêtèrent trois ou quatre étudiants et ce fut le silence dans la salle. Alys fut ovationnée lors de son numéro et la salle applaudit finalement à tout rompre les artistes présents.

Encore une fois, Alys avait gagné son public.

À New York... Fin de la guerre...

En 1946, Alys Robi est installée à New York et sa carrière s'oriente de plus en plus vers les États-Unis. Elle cumule des engagements dans les cabarets de différents États américains, enregistre de nouveaux disques à Montréal et à New York, participe à de nombreuses émissions de radio sur les réseaux américains, sans jamais oublier les siens. Elle effectue des visites éclairs à Montréal, au cours desquelles elle participe à un gala spécial intitulé *La statue fragile* au Théâtre Saint-Denis, ou une brève apparition au magasin à rayons L.N. Messier, rue Mont-Royal, pour participer au lancement du livre *Vedettes en jaquettes* écrit par le journaliste Roger D. Parent.

Lors de ses visites à Montréal, elle est présentée constamment comme une vedette internationale. Le Québec est manifestement fier de son ambassadrice « du bon accord ». La guerre est finie et la mission sociale d'Alys achève. Désormais, Alys Robi s'occupera d'Alys Robi. Elle tient tout de même à participer au retour des troupes, à

94

faciliter l'intégration des combattants à la vie civile et c'est à cette occasion qu'on la retrouve à l'émission « À ceux qui reviennent » diffusée à CKAC.

On soigne ses plaies de guerre et on respire plus librement dans les capitales du monde. La vie est plus douce, les amoureux se retrouvent alors qu'Alys ne retrouve rien d'autre que sa solitude. Solitude inévitable d'une femme qui a fait le vide autour d'elle à force d'ambition, d'exigences, de discipline et de retenue. Elle voulait se garder pour elle, pour sa carrière, pour son image, pour protéger un rêve d'enfance dessiné par son père sur sa carte du ciel. Alors que d'autres célèbrent longuement le retour à la vie normale, Alys a complètement perdu la notion d'une vie normale. Elle n'en a jamais connue ! La guerre et toutes ses exaltations ressemblaient beaucoup plus à son rythme de vie que cette période de paix qui s'annonce. Qu'allait devenir la chérie des soldats ? Peut-être la chérie d'Hollywood ! Pas si mal pour la petite Canadienne française de Québec.

Une vache qui sort de l'enclos...

Mais avant de vivre ce grand rêve, Alys éprouve un pressant besoin de repos. Elle se rend à Québec pour retrouver sa famille et propose une ballade en auto à sa sœur Jeannette et son beau-frère Paul Favreau. La route de campagne est belle, le temps est bon et Alys se sent revivre dans ce climat printanier. Pourquoi a-t-il fallu que cette malheureuse vache sortie de l'enclos vienne tout briser ? Paul n'a pu l'éviter et l'impact de la collision est sévère. Jeannette, assise sur la banquette avant, est sérieusement blessée au dos. Alys s'en tire avec des égratignures, son beau-frère aussi, mais le choc a été violent. Jeannette devra séjourner plusieurs semaines à l'hôpital. Alys demeure à la maison familiale pendant quelques jours et décide, pour la première fois en cinq ans, de s'accorder une période de repos.

Au début de l'été 1946, Alys Robi raconte ses projets de vacances au Saguenay et dans la région du Lac-Saint-Jean au représentant de l'hebdomadaire *Radiomonde*. Elle reviendra cependant tous les mardis soirs à Montréal pour participer à l'émission « À ceux qui reviennent ».

Mais cet accident de la route a laissé des traces. Alys s'explique mal ce qui se produit en elle. Ce n'est pas physique, car son corps ne porte plus aucune trace ; mais c'est cette langueur qu'elle a du mal à comprendre. Comme si un mystérieux ressort s'était brisé en elle. Ses périodes de fatigue se font de plus en plus fréquentes et alors qu'elle franchit les dernières marches du sommet de sa carrière, Alys Robi chancelle. Pas sur scène ; jamais sur scène. Mais, au plus profond d'elle-même, il y a cette fissure qui la paralyse parfois, qui la trouble et qui jette de l'ombre sur les rêves d'enfance. Intérieurement, Alys implore la miséricorde divine pour que la machine infernale s'arrête un peu, à tout le moins qu'elle ralentisse. Pour la première fois, elle veut mesurer le chemin parcouru, goûter à cette gloire, à cette renommée dont on parle tant dans les journaux. Alys a tellement envie de redevenir la petite Alice pendant quelque temps, quelques jours mon Dieu ! Pour humer les parfums de la réussite.

Parvenue au sommet, elle regarde autour d'elle et constate qu'elle avait à peine remarqué la formidable éclosion du monde artistique au Québec. Comme si après une

La petite Alice âgée de sept ans alors qu'elle se produisait déjà dans les théâtres de la Ville de Québec. (*Archives Alys Robi*)

Gérard, le fils bien aimé de la famille Robitaille, un an avant le terrible accident qui l'handicapa pour le reste de ses jours. (*Archives Alys Robi*)

Âgée de neuf ans, la petite Alice porte fièrement l'uniforme que lui ont remis les pompiers de la paroisse Saint-Sauveur à Québec. (*Archives Alys Robi*)

Napoléon Robitaille, le père d'Alys Robi, pompier et lutteur, photographié alors qu'il est âgé de 70 ans. (*Archives Alys Robi*)

Alys Robi arrivait d'Angleterre et retrouvait Rose Ouellette, surnommée «La Poune», sur la scène du Théâtre National. (*Photo Pierre Sawaya*)

Elle n'a que 17 ans mais c'est déjà une femme qui découvre l'amour dans les bras d'Oliver Guimood. (*Archives Alys Robi*)

Elle fut *gorgeous, glamourous*, sexy mais jamais vulgaire selon les critiques canadiens de l'époque. Voilà pourtant une Alys Robi provocante qui fait voir de jolies jambes. Sur son peignoir, on aperçoit des notes de musique. (*Archives Alys Robi*)

La photo qu'Alys Robi préfère: c'est l'image de la tendresse, du romantisme et de l'amour de ses vingt-ans. (*Photo Bruno Hollywood, N.Y.C.*)

Lucio Agostini, chef d'orchestre, arrangeur, compositeur réputé, fut l'une des grandes passions de la vie d'Alys Robi. (*Photo A. Gilbert*)

En 1944, Alys Robi se fait entendre sur les ondes de la BBC de Londres, dans le cadre de deux émissions «Accordeon Club» et «Carl Lewis Show». (*Archives Alys Robi*)

Alys Robi radieuse, heureuse en 1944 dans la cuisine de son appartement à Toronto, près des studios de Radio-Canada. (*Photo: studio Roger Bédard*)

Quelques amis célèbres: Sammy Davis Junior, Bing Crosby, Dean Martin, un ami de M. Andy Cobetto du Casa Loma, Franck Sinatra.
(*Archives Alys Robi*)

Alys Robi, le 4 février 1946, alors qu'elle signe le livre d'or de la Ville de Québec, en la présence du maire Lucien Borne et du propriétaire du Théâtre Capitol, monsieur Vallières.
(*Photo: Roger Bédard*)

En juillet 1947, alors qu'elle participe à la première émission de télévision au monde, enregistrée par la BBC de Londres. (*Archives Alys Robi*)

L'éditeur Ralph S. Peer, l'homme qui a favorisé la carrière internationale d'Alys Robi, dans le bureau du maire Camilien Houde en 1947, entouré de son épouse Monic, du maire de Montréal et de Jacques Labrecque.

Au sommet de la gloire en 1947, alors qu'elle porte la robe en soie perlée pour le bout d'essai tournée à Hollywood.
(*Photos : Bruno Hollywood, N.Y.C.*)

À New-York, au milieu des années 1940, la mode mit les jambes en évidence. Au cou, Alys Robi porte le bijou africain d'un dieu danseur.
(*Photo: De Bellis, N.Y.C.*)

Deux portraits du photographe Gaby
dans les années 1950.

Le 17 septembre 1953, Alys croyait avoir trouvé le bonheur, le jour de son mariage. Elle portait une robe en dentelle de Chantilly. (*Photo: Gaby*)

On lui a rasé le crâne à 27 ans; mais à 33 ans, elle porte les cheveux longs. À son doigt, une bague de cinq carats que lui a offert Ali Khan. (*Photo: Gaby*)

Alys Robi fête ses vingt-cinq ans de vie artistique au Casa Loma, en compagnie de Fred Spada, Henri Forgues, mesdames Andy Cobetto et Henri Forgues, Andy Cobetto et Yvon Robert.
(*Photo: Georges Navarre*)

Alys Robi en compagnie de Fats Domino au café Mocambo.
(*Archives Alys Robi*)

En compagnie de Johnny Rougeau, propriétaire du Mocambo.
(*Archives Alys Robi*)

Avec Bernard – *Boum Boum* – Geoffrion, lors du 15e anniverssaire de la station CKVL, en 1952, où Alys Robi, sortant de l'hôpital, animait le quizz «Jouez double».
(*Archives Alys Robi*)

Alys Robi au Club Soda en décembre 1984.
(Photo: Archives *La Presse*)

trop longue attente, les artistes du Canada français avaient littéralement explosé, autant sur les scènes québécoises qu'à l'étranger. Un phénomène que ceux qui racontent notre petite ou notre grande histoire ne devraient jamais omettre.

Québec international

Au moment où Alys Robi se refait des forces et cherche son équilibre intérieur, on peut lire dans les pages artistiques des journaux qu'André Mathieu est retourné à Paris, mais qu'il ne retrouve pas le Paris d'avant-guerre. À cette époque, sa famille avait bénéficié des largesses d'un mécène et l'enfant qu'était André Mathieu avait vécu des années de rêve et de gloire à Montréal, à Paris et également à New York. Il était toujours aussi génial, mais il n'était plus un enfant prodige à seize ou dix-sept ans. Il revint finalement à Montréal.

La section cinéma annonçait le film *Johnny Frenchman* qui mettait en vedette Paul Dupuis et Françoise Rosy. Il s'agissait du deuxième film de Dupuis tourné en Angleterre. Celui-ci avait été envoyé à Londres par la société Radio-Canada à titre de correspondant de guerre en 1942 et, par un heureux concours de circonstances, il s'était retrouvé sur le plateau de *Yellow Canary* où il avait interprété le rôle d'un officier britannique. Ce fut sa première chance au cinéma et il ne rata pas les autres. En 1946, on parle de plus en plus de la compagnie Québec Production installée à Saint-Hyacinthe. C'est là qu'on tournera ce premier film produit, dirigé et joué par des Québécois, *La forteresse*, dont j'ai déjà parlé.

Au même moment on apprend que Pierrette Alarie est la première artiste depuis Emma Albani à se produire au Metropolitan Opera de New York.

Le violoniste Arthur Leblanc est également en vedette à New York où il rencontre Roger Lemelin qui procède au lancement de la traduction anglaise de son roman *Au pied de la pente douce*, qui devient *The Town Below*. Le livre est fortement apprécié du critique du *New York Times* qui le compare à *Tin Flute* de Gabrielle Roy, version anglaise de *Bonheur d'occasion*. Murielle Millard, la compagne des tournées d'Alys Robi, se produit au Blue Angel de la métropole américaine et Henri Letondal en est à son quatrième film à Hollywood alors qu'il interprète le rôle d'un professeur dans *Apartment for Peggy* aux côté d'Edmond Gwenn, après avoir tourné dans *The Magnificent Doll*, *The Razor's Edge* et *The Big Clock* avec Ray Milland et Charles Laughton. Jean-Louis Roux, qui fondera le Théâtre du Nouveau Monde en compagnie de Jean Gascon au début des années 1950, séjourne à Paris et se produira dans *La Maison de poupée* de Henrik Ibsen à la Comédie des Champs-Élysées en mars 1947. Gratien Gélinas en est à sa dernière année de ses *Fridolinades* qui ont fait les délices des Montréalais et, en fait, de toute la province de 1938 à 1946. Gratien Gélinas ne demeure pas inactif pour autant. Il prépare ce que certains considèrent comme la pièce qui donnera naissance au théâtre québécois moderne, *Tit-Coq*, créée le 24 avril 1948 au Monument National de Montréal.

On ne peut que constater l'effervescence de la vie artistique à Montréal et au Québec tout au long des années 1940. Il est rare dans notre histoire que tant de talents se soient manifestés concurremment. Avant d'être politique, la quête d'identité nationale, quête bien modeste, bien timide en fait, qui se manifeste par la reconnaissance et l'utilisation de la langue de la nation québécoise, cette quête dis-je prend forme chez les artistes. On crée parce qu'il faut tout inventer à partir de rien, parce qu'il faut innover, prendre une place ici et dans le monde. Une place qui n'a jamais été revendiquée par les Canadiens français qui modifieront leur désignation en Québécois dans les années 1960. La radio, la peinture, le roman, le cinéma, la chanson populaire, la musique, l'opéra, l'architecture et bientôt la danse, sont maintenant des champs qui sont accessibles et de plus en plus fréquentés par des Québécois. Le cabaret subira lui aussi une transformation.

Dans l'édifice qui avait déjà abrité tant de vedettes américaines durant la période de la prohibition, à l'époque du Frolics, on prépare un cabaret d'inspiration française, mais qui serait adapté aux goûts des Montréalais. Une première expérience tentée entre les années 1944-1946 n'a pas réussi. Le Café Val d'Or n'était pas tout à fait ajusté à la réalité montréalaise. On a modifié la formule en misant sur la participation du public, l'improvisation et l'ambiance. Montréal connut ainsi son premier cabaret francophone à succès, « Le Faisan Doré », dont les plus vieux se souviennent avec beaucoup de nostalgie. « Le Faisan Doré » était non seulement un lieu où les spectacles étaient fort appréciés mais également le lieu de rendez-vous nocturne de tous les artistes. Après les heures de spectacle, on aimait se retrouver dans ce cabaret de la rue Saint-Laurent animé par Jacques Normand. Alys Robi s'y rendait régulièrement. À la même table on pouvait retrouver Charles Aznavour, Jacques Normand, les frères Martin, propriétaires de l'établissement, Alys Robi, Jean Rafa, Monique Leyrac... et à peu près toute la colonie artistique de l'époque.

Alys Robi fête Noël à New York en 1946 et revient dans sa ville natale au début de l'année suivante. Non seulement sa famille l'accueille mais monsieur le maire en personne, Lucien Borne, lui fait signer le livre d'or de la Ville de Québec, le 4 février 1947. Alice chante au Capitol. Sa famille assiste au spectacle et Alys a réservé une place tout à fait spéciale pour son frère Gérard, toujours handicapé. Elle a exigé et obtenu qu'on retire trois bancs de théâtre pour lui permettre d'installer sa chaise roulante dans les premières rangées. Albertine, la mère d'Alys, a remarqué la lassitude de sa fille.

— Accroche-toi, Alys!

Alys refusait la fatigue, résistait à la tentation d'une longue période de repos. Son corps lui disait de s'arrêter, d'annuler des spectacles, de se refaire des forces, de s'occuper de sa santé, mais elle résistait à l'abandon. Elle pensait souvent aux lutteurs et aux boxeurs pliés dans les câbles, à la merci des coups qui pleuvaient sur eux et elle s'imaginait prendre un compte de huit. Mais comme dans toutes les bonnes histoires de ring, le boxeur se relève et miraculeusement, il est emporté par un sursaut d'énergie qui lui permet de terrasser spectaculairement son adversaire. C'était là son rêve, ou peut-être plus une réalité dont elle avait été témoin si souvent dans les gymnases où son père avait lutté.

Elle refusait de céder, d'admettre que son corps ne suivait plus le rythme de sa vie infernale. Prenant un bain d'eau froide, elle se répétait : «Vous ne m'aurez pas» et elle revenait pimpante, prête à l'attaque.

Elle attaqua ainsi l'Esquire à Montréal, le El Moroco, dirigé par le lutteur Yvon Robert, et elle se faisait entendre tous les lundis soirs au «Prix d'héroïsme Dow», émission diffusée à la station CKAC. Le 20 juin, elle est l'une des têtes d'affiche d'un grand gala présenté au Forum. On a réuni des artistes et des lutteurs qui présentent un spectacle au profit des jeunes en difficulté à Boscoville, le « boy's town » québécois comme on le surnommait à l'époque. À la même période, le journal *La Presse* fait mention d'un court métrage auquel Alys Robi aurait participé à Saint-Hyacinthe. On peut facilement supposer qu'elle a travaillé dans les studios de Québec Production, mais Alys n'a jamais vu le film en question qui présentait l'historique de la chanson canadienne. Aucune trace du film n'a été retrouvée depuis.

La télévision en Angleterre

En 1947, Alice se préparait à vivre une grande aventure, celle de la télévision. Le 23 juillet 1947, les photographes l'entouraient au pied de l'escalier d'un quadrimoteur de la BOAC qui devait l'amener à Londres. Alys Robi a été choisie pour participer à la première émission de télévision au monde. C'est la British Broadcasting Corporation qui diffuserait cette émission historique et la direction de la station se souvenait du succès remporté par la jeune *French Canadian* lors de son passage à Londres en 1944. On voulait de l'exotisme, de la jeunesse, de l'énergie et de la nouveauté pour souligner l'avènement de ce nouveau média qu'était la télévision ; Alys Robi convenait tout à fait à l'image recherchée. Renonçant à son habituel look « glamourous », Alys Robi se présente devant la caméra vêtue d'une robe simple et de bon goût qui peut se marier autant à la musique sud-américaine qu'à la chanson de son pays. Durant l'émission, elle interprète *Vive la Canadienne* et quelques airs folkloriques. Toujours le même dynamisme sur scène, la même maîtrise de son art que l'on remarque en cette grande première de la télévision. Mais aussitôt sortie de scène, son monde intérieur semble s'écrouler. Alys Robi ne vit plus, elle survit en 1947. Elle s'accroche aux apparences, feint la joie, raconte inlassablement aux journalistes sa gloire nouvelle, mais la femme est anxieuse, désespérée, extrêmement vulnérable. La gloire et la richesse qu'elle a gagnées de haute lutte durant les dernières années n'ont subitement plus de sens pour elle. Le tourbillon de sa vie l'oppresse, l'égare et la réalité devient invivable. Elle se voit ailleurs, à l'abri, seule et anonyme.

Au retour de son voyage au Mexique et en Californie en 1945, souffrant de grande lassitude, Alys Robi avait été admise dans un hôpital de Montréal. On lui avait prescrit un repos complet de quelques semaines, mais elle n'a jamais profité de cette période de récupération. Sans cesse on lui demandait de signer des disques et des livres et elle s'exécutait de bonne grâce, ne résistant jamais aux demandes de ses admirateurs et admiratrices. Elle n'a pas su non plus résister à la demande d'Henri Deyglun qui voulait en faire la vedette du spectacle *Ça atomiqu't'y* ? présenté au Monument National en janvier 1946.

C'est une jeune femme fatiguée, en perte de tonus, qui traverse l'année 1947 et qui ne peut refuser cette chance inouïe de participer à la première émission de télévision produite dans le monde entier.

Mais c'est déjà trop. Et, curieusement, on perd la trace d'Alys Robi en Europe à l'été et à l'automne 1947. Ses souvenirs de cette époque s'embrouillent, les dates se mêlent. Chaque fois que j'ai abordé le sujet avec madame Robi, j'ai toujours eu l'impression d'entreprendre un chemin de croix avec une sorte d'exécution au bout. Comme si Alys Robi avait, dans sa mémoire, refusé la fin de cette histoire exaltante, de cette course folle à la renommée mondiale. Subitement Hollywood éteint ses feux, la consigne du silence s'installe autour d'elle et je retrouve en feuilletant les journaux de l'époque l'annonce d'engagements au Café Copacabana les 14 et 23 février 1948 à Montréal. Tout semble s'arrêter alors, c'est Lise Roy qui la remplace au « Prix d'Héroïsme » à CKAC. On lance le disque *Tchiou Tchiou* interprété par Alys Robi ; mais ce n'est que du plastique ; Alys Robi n'est plus là. Elle a disparu. Le beau rêve a sombré. Un vaisseau d'or, d'argent, d'étoiles, plein à craquer, a sombré.

5
LA GRANDE BLESSURE D'ALYS ROBI

Comment un si beau rêve a-t-il pu sombrer ? Comment une carrière si avancée a-t-elle pu s'arrêter si abruptement ? J'ai cherché longtemps la réponse en formulant des hypo- thèses, en interrogeant d'anciens camarades de travail d'Alys. Sans beaucoup de succès, car on ne sait pas, ou on se perd en spéculations diverses. C'est à Hollywood que le rêve d'Alys devait prendre fin, mais les événements s'enchaînent mal et je ne retrouve plus de traces de cette période, ni ici ni là-bas. Alys a déjà fait, on le sait, le voyage à Hollywood en 1945 après un long séjour au Mexique. Mais pourquoi tant de mystères et de silences à propos de la fin de l'année 1947 et le début de 1948 ? A-t-elle quelque chose à cacher, a-t-elle posé un geste inavouable ? À ce sujet, j'ai déjà entendu les pires choses imaginées par des gens pas très charitables. En fait, c'est dans cette période que se situe la clef du mystère d'Alys Robi. Fallait-il la laisser vivre tranquille avec ce mys- tère jusqu'à la fin de ses jours ? Fallait-il encore jouer au détective ? J'ai heureusement abandonné ce petit jeu pour m'en remettre à une femme qui ne m'avait jamais induit en erreur jusque-là, qui ne m'a jamais menti. Elle m'a donné tout ce qu'elle a pu, honnêtement, jusqu'à la fin de ce travail.

Si Alys Robi avait quelque chose à cacher dans toute cette histoire, c'est son grand amour pour Lucio Agostini et

105

c'est la rupture avec cet homme qu'elle aimait avec une passion folle qui est sans doute à l'origine, directement ou indirectement, de ses problèmes personnels. Cette jeune et belle femme, adulée par tous les hommes, n'avait jamais connu la défaite dans toutes les étapes de son itinéraire artistique. Elle menait sa vie, sa carrière et ses amours à sa guise. Elle contrôlait fièrement toutes ses entreprises et elle avait trouvé l'homme qui allait la suivre jusqu'au sommet de sa carrière et de sa vie de femme. Elle avait choisi son époux et le père de ses enfants. C'était Lucio, encore et toujours Lucio.

Au moment où elle se croyait rendue au paradis de la gloire et de l'amour, alors qu'elle partait au Mexique, elle apprend par une indiscrétion que Lucio entretient des rapports avec une autre femme et qu'il a l'intention de l'épouser. La rumeur disait qu'Alys fréquentait un homme marié et qu'elle allait détruire la famille de cette pauvre victime. En réalité, Lucio était déjà séparé de sa femme et se préparait à convoler en justes noces avec une autre.

On peut imaginer la réaction d'Alys. C'est une femme passionnée, intransigeante, avec un tempérament de feu, au sommet de son art et en pleine possession de ses moyens, qui est poignardée au cœur. La peine d'amour lui coupe les jambes et la dépossède de tous ses moyens pendant une longue période.

Elle serait allée à Hollywood à une deuxième reprise après l'épisode de la BBC à Londres. Cette femme déjà minée par un rythme de vie insoutenable, par une carrière démesurée, reçoit le coup fatal porté au cœur par l'homme de sa vie. À Hollywood, elle est logée au Knickerboker, hôtel de grand luxe. Quelques jours avant de tourner les premiers essais d'un film, elle quitte la ville pour accepter un engagement à Las Vegas. C'est une femme en crise de larmes, distraite, absente qui prend le volant de son auto. En croisant un camion, la voiture dérape, roule dans le champ et frappe un arbre. On l'hospitalise et on constate une fracture du crâne. Elle revient sur le plateau après une convalescence trop rapide mais elle s'évanouit si souvent qu'on juge inutile de poursuivre le travail. Elle doit retourner à la maison, guérir son corps, son cœur et son âme. Alys n'a plus envie de rien. Et je me permets d'affirmer que cette gloire qu'elle a voulue pour Lucio n'a plus désormais aucun sens.

Le silence d'Alys

Alys Robi ne fait plus les manchettes. On parle d'elle en dehors des ondes à mots couverts, on raconte, on colporte des histoires aussi invraisemblables les unes que les autres. Et ces histoires ont eu de longues vies. J'en ai entendu une bonne douzaine. Elle aurait subi des dommages crâniens lorsqu'une valise l'aurait atteinte lors de l'arrêt brusque d'un train à Québec ou bien à New York ou encore lors d'un atterrissage forcé à Paris. Elle aurait soigné une tumeur au cerveau ou attrapé une maladie honteuse lors de ses « mauvaises fréquentations ». J'ai même lu dans je ne sais trop quel canard qu'elle aurait souffert de syphilis au cerveau ou qu'elle aurait été victime d'un règlement de compte de la pègre. On potinait, on spéculait entre collègues de travail et tout particulièrement ceux qui avaient été dans l'ombre de la spectaculaire chanteuse durant les dernières années. Mais personne n'osait affirmer quoi que ce soit. Alys Robi s'était rendue à l'Institut Albert Prévost, boulevard Gouin, avec l'espoir de prendre le repos qu'elle ne pouvait s'accorder dans tout autre hôpital public. Elle savait que d'autres personnalités avaient déjà séjourné dans cette institution pour soigner un trop grand stress ou se remettre d'une dépendance à l'alcool ou aux médicaments.

On découvre que l'état de santé mentale de la chanteuse la plus populaire du Québec exige de plus grands soins. On l'interne à l'hôpital Saint-Michel-Archange. C'est le choc, la chute, l'humiliation et pire encore... l'oubli.

Comment Alys Robi en était-elle arrivée là ? J'ai consulté des psychiatres afin de comprendre cette grande blessure sans nom, cette mystérieuse défaillance qui dépossède le cœur et l'âme. J'ai voulu connaître ces docteurs du rêve et de l'esprit et j'ai découvert des êtres prudents, parfois jusqu'à l'humilité. Le profane que je suis a souvent entendu des « probablement », des « dans certains cas... oui, dans d'autres non ». Rarement des certitudes et des affirmations. L'être humain est d'une telle complexité que même la science la plus avancée ne peut le circonscrire de même qu'une biographie ne pourra jamais renfermer toute une vie. On raconte toujours sa vision d'un être humain et je n'échappe pas à cette règle. La seule compétence qui me permet de raconter Alice Robitaille devenue Alys Robi, c'est de l'aimer. Parce que l'amour permet d'ouvrir les cœurs, les portes et, surtout, de redonner une dignité à quelqu'un qui l'a égarée pendant quelques années dans les corridors douloureux de l'internement psychiatrique. Et je ne crois pas que ce soit dans le dossier médical d'Alice Robitaille qu'on découvrira la nature de sa véritable blessure. Elle est bien plus grande cette blessure, elle prend les dimensions d'un coin de terre appelé Québec.

Au moment même où Alice est internée, des artistes signent le *Refus Global*, André Mathieu ne se produit plus sur les grandes scènes, Arthur Leblanc est malade et sera interné à son tour, Claude Gauvreau fréquente une institution psychiatrique et Félix Leclerc est carrément en exil en France. Cette coïncidence m'a obsédé longtemps. Les années 1940 s'achèvent dans la grande noirceur et plusieurs artistes du Québec ont perdu le feu sacré qui les avait nourris. Plusieurs en sont brisés et semblent suivre la trace de Nelligan. J'ai souvent posé la question à des psychiatres : la société peut-elle provoquer chez certains individus plus créatifs que leurs contemporains des troubles mentaux ? La réponse a toujours été affirmative. C'est possible et je crois que ce fut le cas d'Alys Robi et de nombreux autres artistes créateurs.

Dans le Québec des années 1940, les artistes étaient confrontés à très peu d'alternatives : l'exil, comme ce fut le cas pour Félix Leclerc et les peintres Riopelle et Borduas ; les troubles psychiques pour Alys, Gauvreau et Leblanc, le suicide, qui en attirait plusieurs ; ou le compromis. J'ai déjà fait état de la carrière internationale, ou du moins des nombreux spectacles présentés par nos artistes à l'étranger mais il ne s'agissait pas d'exotisme ou de rayonnement comme c'est le cas aujourd'hui. Il s'agissait plutôt de fuites, d'évasions, de sorties d'urgence pour ne pas étouffer dans ce pays.

Un extrait du *Refus Global* signé par le peintre Paul-Émile Borduas témoigne du malaise grandissant qui emprisonnait les artistes québécois de l'époque : « Petit peuple qui malgré tout se multiplie dans la générosité de la chair sinon dans celle de l'esprit, au nord de l'immense Amérique au corps sémillant de la jeunesse au cœur d'or, mais à la morale simiesque, envoûtée par le prestige annihilant du souvenir des chefs-d'œuvre d'Europe, dédaigneuse des authentiques créations de ses classes opprimées ».

Si j'inclus Alys Robi parmi ces grands artistes, ce n'est pas sans raison. Si on fait exclusion des classes sociales, des préjugés, des modes et des chapelles, Alys Robi faisait partie de ces créateurs qui durent tout inventer pour en arriver à présenter un message culturel vraiment original. Alys Robi a inventé le *star system* québécois. Elle a inventé un style de chansons et de mises en scène qui tranchait avec tout ce qui avait été vu au Québec. Auparavant, elle fut la première interprète à se confondre complètement avec la population du pays tout en proposant le rêve, la démesure et la confiance à tout un peuple. Elle était d'avant-garde en ce sens qu'elle dépassait la chanson pour véhiculer un message auprès de la population. Il m'importe peu que ce message puisse paraître naïf aux yeux de certains, il était profondément humain et rejoignait les préoccupations réelles des gens de son époque, ce que feront les autres interprètes québécois dans les années 1960 et 1970. Elle a chanté la paix aux soldats, le bonheur aux malades, l'espoir aux pauvres. C'était une chanteuse, mais aussi une personnalité que les gens aimaient et écoutaient parfois avec une intensité et une admiration religieuses.

Je reprends la question : comment en était-elle arrivée là ? Là, c'est un néant, presqu'un cachot à l'hôpital Saint-Michel-Archange qui contenait quatre mille lits. Alys Robi n'était plus la star connue et acclamée par tout un pays et reçue dans les grandes capitales. Elle n'était qu'une patiente comme les autres et ne comprenait plus ce qui se passait autour d'elle et en elle.

On s'est perdu dans de nombreuses hypothèses pour expliquer la subite maladie d'Alys Robi qu'on n'osait même pas nommer à l'époque ; des rumeurs ont même attribué sa fragilité survenue à des maladies héréditaires. Rien ne nous permet de le croire, comme rien ne nous permet d'affirmer qu'elle fut maniaco-dépressive. Un critique anglophone a déjà écrit : « Toute personne qui s'aviserait de suivre pas à pas, pendant deux semaines, le rythme de vie infernal d'Alys Robi, finirait par se retrouver à l'asile ». Cet homme était sans le savoir un prophète ; il détenait une bonne partie de l'explication de cette mystérieuse blessure qui paralysa alors la chanteuse.

Dans les années 1930, qui suivaient le fameux krach de 1929, il y avait fort peu de place dans la société québécoise pour la création artistique de quelque nature qu'elle fût. Occupée à survivre et à se nourrir convenablement, cette société démunie considérait les artistes comme des êtres différents, marginaux et bien souvent irrécupérables. Il était donc hors de question de les appuyer, de subvenir à leurs besoins et de créer un climat favorable à leur épanouissement. C'est dans une véritable jungle que se lançaient les jeunes artistes et seuls les plus forts pouvaient triompher. Dans le cas d'Alice Robitaille, la jungle lui était familière puisqu'elle était fille de lutteur et avait grandi dans l'atmosphère des gymnases et des arénas. Elle avait été rompue aux exigences de la vie publique, je le répète, par un lutteur, un gladiateur qui était également pompier. Un pompier, c'est l'être le plus aimé et le plus respecté de sa communauté parce qu'il sauve des vies, parce qu'il secourt des gens. Un pompier, c'est la générosité à l'état pur. Le lutteur, c'est la force, la compétition, la soif de victoires et l'instinct de survie primaire. En somme, c'est entre la lutte pour la survie et la générosité qu'a grandi Alice Robitaille, et sa carrière artistique a été menée sportivement, avec autant de muscles que de sensibilité. Elle fut aussi compétitive que généreuse envers ses semblables. Et c'était peut-être le meilleur moyen de parvenir au sommet.

Le sommet? Comment pouvait-on imaginer un sommet artistique dans les années 1940 alors que les artistes avaient à peine droit de cité au Québec? Il fallait posséder un imaginaire hors du commun, ne serait-ce que pour rêver d'une grande carrière nationale ou internationale dans ce petit quartier de Saint-Sauveur. Napoléon Robitaille semblait doté d'une imagination particulièrement fertile et d'une confiance absolue. Il a transmis cette confiance à sa fille et a propagé autour de lui beaucoup d'espoir en cette petite Alice qui devait déjà combler de grandes attentes.

Les directeurs de salles de théâtre et de spectacle ont également manifesté beaucoup de confiance dans les possibilités de cette enfant douée. On a rapidement réclamé la petite Alice un peu partout en ville, on l'a fait travailler très fort, on l'a utilisée, on a tiré des profits de sa popularité. Dans un pays pratiquement sans artistes, on n'avait aucune idée de l'énergie, de la concentration, de la tension qu'exige une prestation sur scène. La tradition artistique n'existait pratiquement pas au Québec et les gérants des salles de spectacle se comportaient souvent comme des gérants de foire ou de cirque.

On ne connaissait pas véritablement le processus de création puisque les grands spectacles qu'on allait voir dans les salles étaient des spectacles étrangers, rodés depuis des années, des spectacles qui maintenaient un monde d'illusions.

Et c'est dans ce monde d'illusions qu'a été formée la petite Alice. On connaissait Shirley Temple pour l'avoir vue sur l'écran, mais on ne connaissait pas sa préparation, sa formation, son éducation et son entourage. La petite Alice a été livrée à elle-même très tôt dans sa vie et c'est toujours sur les planches qu'elle a appris durement son métier. Aucune chanteuse reconnue ne pouvait lui transmettre les fruits de son expérience.

Alice était dramatiquement seule et c'était une enfant.

Alice, je l'ai déjà dit, n'a pas eu d'enfance ni d'adolescence. A-t-elle vécu autre chose qu'une carrière durant les vingt-quatre premières années de sa vie? Encore aujourd'hui, Alys Robi se comporte comme si elle était sur scène de façon permanente, car c'est le lieu où elle a vécu le plus intensivement sa propre réalité. Elle a été élevée, formée, moulée ainsi. De plus, elle avait accepté ce rêve étrange de son père : une grande carrière de star. C'était ambitieux. Mais surtout, c'était sincère.

Cette folle ambition est d'une exigence féroce. Elle prend tout et Alice l'a découvert en cours de route. Les artistes sentent toujours instinctivement ces choses-là. Elle a su très jeune qu'elle ne pouvait rien refuser. Il faut avoir vécu la vie de show-business pour savoir qu'une simple absence, une petite négligence et un oubli peuvent anéantir des années d'efforts. Devenir star implique, pour une petite fille d'un quartier modeste de Québec, une disponibilité totale, un renoncement à bien des plaisirs de ce monde, parfois les plus simples et les plus beaux, et une vie retirée, de l'obéissance, parfois de la soumission. Une vie de cloîtrée quoi! C'est ainsi que la jeune Alice voyait la vie qui l'attendait. «Une amie cloîtrée me disait un jour que je faisais la même vie qu'elle mais à l'extérieur d'un couvent.», racontait un jour Alys Robi. C'était effectivement le genre de vie qu'elle menait très jeune. N'avait-elle pas, du reste, rêvé jeune à la vie de religieuse, comme son amie d'école, Rita Caron, entrée chez les Augustines de Québec?

Dès le début de sa carrière, la petite Alice vit une grande frustration : elle ne serait pas une chanteuse classique. C'était son rêve à elle. Ce rêve s'est évanoui après l'accident qui paralysa définitivement son jeune frère Gérard. Il fallait trouver les moyens financiers pour subvenir aux besoins de la jeune victime d'un chauffard. Les médicaments étaient coûteux et les parents de la petite Alice n'ont jamais voulu confier leur dernier enfant à qui que ce soit, surtout pas à une institution. La jeune chanteuse comprit ce qui lui restait à faire. À l'époque, la musique classique était un luxe que les pauvres ne pouvaient se permettre et on ne gagnait pas sa vie au Québec en chantant dans les salles d'opéra, qui n'existaient d'ailleurs pas. Mais la jeune chanteuse a conservé en elle un appétit pour la grande musique et ce qu'elle fera durant sa carrière est très proche de la musique classique. Elle s'est jetée dans une carrière de chanteuse populaire ou chanteuse « de genre », comme on disait à l'époque, mais elle a vécu dans un autre univers, celui de la grande musique qu'elle a finalement intégrée à une musique plus accessible. Cette dynamique en dualité ne fut sûrement pas facile à vivre pour elle.

Elle était devenue rapidement une attraction, une enfant marginale, esseulée, qui ne pouvait rien partager avec les enfants de son âge. La carrière d'Alice Robitaille durant les années 1930 à Québec, c'était du travail à temps plein. À neuf ans, elle menait déjà un rythme de vie infernal. Elle était douée, intelligente et sensible, mais il n'était pas question des jeunesses musicales à l'époque ni de rêver à l'école

Vincent D'Indy. Elle frayait avec le milieu du vaudeville et apprenait son métier dans l'atmosphère des rires gras et des comédies musclées qui ne s'embarrassaient généralement pas des subtilités de la langue, des émotions et de l'art. J'ai horreur du mépris et je pense que le vaudeville est un art défendable qui nous a fait connaître de grands artistes. Et je n'ai rien contre les blagues un peu plus grasses qu'on échange entre adultes. Mais ce n'était pas la place d'une enfant qui devait se battre contre un style de spectacle qui n'était pas le sien. Elle devait grandir vite, trop vite, la petite Alice, et passer par-dessus son enfance, en la piétinant au passage.

À la base de la carrière d'Alys Robi, il y a un malentendu qui devait sûrement être très éprouvant pour cette jeune adolescente. Elle a été identifée au vaudeville sans jamais en faire véritablement partie. Elle a travaillé avec la troupe de La Poune au National et effectué des tournées avec différentes troupes burlesques par la suite. Mais c'était plus par besoin que par conviction. C'était sûrement pour apprendre son métier à la dure, et aussi pour gagner sa vie et faire vivre sa famille, aider surtout son jeune frère malade. Madame Ouellette ne se faisait pas d'illusions, elle savait bien qu'elle allait perdre sa jeune chanteuse, déjà fort populaire à ses débuts. Dans ces conditions, j'imagine facilement le malaise dans lequel Alys vivait avec ses camarades de travail. De là, à faire naître une jalousie qui grandissait autour d'elle, il n'y avait qu'un pas. On ne pardonnait pas facilement à une jeune fille d'être douée, particulièrement jolie, aguichante et qui, de surcroît, avait du caractère et du talent à revendre.

Alys Robi livrait bataille sur tous les fronts au début de sa carrière à Montréal. Elle luttait contre une certaine perception qu'on avait de la femme en se montrant libre, indépendante et confiante en ses moyens. Elle luttait contre la facilité artistique en travaillant plus résolument que tout le monde, en étudiant la musique et les langues. Elle luttait contre la jalousie de certains confrères qui ne « prenaient » pas sa popularité indéniable et qui n'ont jamais accepté sa notoriété. Elle luttait contre ceux qui voulaient exploiter son talent. Elle luttait contre les conventions, les tabous. Elle luttait contre la pauvreté de sa famille, contre l'esprit de défaitisme des gens de son époque et surtout, elle luttait contre elle-même, contre ce qu'il y avait de plus intime, de plus secret en elle : la vie, la vraie vie avec un mari aimant, une petite maison, des enfants et un grand bonheur. En arrivant à Montréal, Alys Robi avait rompu avec sa famille pour épouser une carrière. Mais est-ce qu'on peut véritablement, au fond de soi-même, épouser une carrière ?

De plus, elle avait choisi la plus grande des carrières. Son rêve devint à la mesure du circuit américain qui couvrait déjà une grande partie du circuit international. C'est ainsi qu'une jeune femme d'un pays conquis parlait de conquête. Elle osait même parler et chanter en français à l'extérieur du pays, et elle s'affichait comme Canadienne française partout où elle passait. Elle rejoint André Mathieu qui s'intéressait à la politique, qui soutenait le Bloc Populaire et qui rêvait de devenir premier ministre du Québec. Félix Leclerc n'a jamais perdu son accent à Paris et on le surnommait « Le Canadien ». La Québécoise Guylaine Guy, au contraire, prétendait être une Française et reniait allègrement ses origines. Ce que Alys Robi ne lui a jamais pardonné.

Alys Robi était un personnage différent dans un pays qui n'accepte pas facilement la différence. L'œuvre du poète et dramaturge québécois Claude Gauvreau n'était pas non plus acceptée par l'ensemble de ses concitoyens ; Félix Leclerc ne s'est jamais produit à la Place des Arts durant sa carrière, et il n'était pas l'artiste le plus populaire du Québec avant d'être reconnu et célébré en France ; André Mathieu a été oublié jusqu'aux Jeux olympiques de Montréal en 1976, alors qu'on a puisé dans son répertoire pour la musique d'ouverture de l'événement. Là encore, certains Québécois n'approuvaient pas le choix musical.

Alys Robi était différente dans sa gestion de carrière, dans son choix de répertoire et dans sa personnalité. Elle choisissait sa vie, ses engagement, sa musique et ses hommes. Elle a eu, il est vrai, plusieurs amants ; mais une certaine opinion publique les a multipliés et en a fait une fille facile alors qu'elle n'était qu'une femme libre. Libre comme beaucoup de femmes d'aujourd'hui, qui refusent la soumission et l'obéissance à l'homme, développant indépendance et autonomie.

Elle avait et possède toujours un caractère déterminé, parfois explosif. Un homme qui affirme son tempérament, parfois avec une certaine violence, est considéré sociale-ment comme un homme volontaire, doté d'une grande force de caractère, et on excuse assez facilement ses empor-tements. Une femme qui s'affirme dans de semblables pro-portions, qui s'emporte même, est une personne malade, sans discussion. Quand on lui demandait de travailler qua-torze heures par jour, Alys Robi avait parfois un sale carac-tère. Mais était-elle malade ? C'est une autre histoire.

Son histoire implique tant de luttes, tant d'acharne-ments dans l'accomplissement d'une mission, d'un rêve qui, avec du recul, paraît impossible. D'autant plus qu'Alys Robi se lançait éperdument à la conquête de la gloire inter-

nationale alors qu'elle était habitée par de bien trop dou-
loureuses contradictions. C'est, à mon sens, l'origine de ses
traumatismes.

D'abord, c'était une femme qui vivait une vie d'homme
à une époque où ce comportement était réservé à une élite.
Dans les salons littéraires et dans les galeries d'art, certaines
artistes affichaient une belle autonomie et dominaient
autant qu'elles charmaient leurs semblables. Mais Alys Robi
évoluait dans un monde plus conservateur.

Alys Robi, qui se produisait un peu partout dans le
monde, qui racontait à tout journaliste ses ambitions internationales en s'exprimant aussi bien en anglais, en français
qu'en espagnol, était sans cesse préoccupée par sa famille,
son quartier et sa province. Cette jeune chanteuse en
pleine ascension était en réalité un être déraciné qui revenait à la maison au moindre prétexte. Elle ne s'est jamais
complètement installée ailleurs, elle n'a jamais pris racine
ailleurs qu'à Québec, cette capitale qu'elle préférait à
toutes les villes du monde.

Elle a souhaité l'amour toute sa vie, en y renonçant
constamment. Cette femme libre espérait secrètement, je le
répète, une petite vie à la maison avec un mari aimant,
affectueux et surtout des enfants, beaucoup d'enfants, ce
qu'elle n'a jamais eu.

Elle a vécu une carrière populaire tout en rêvant à une
carrière classique et a tenté toute sa vie de réunir les deux
mondes en recherchant les grands orchestres et les grands
chefs.

Elle était habitée à la fois par une roturière et par une
aristocrate qui se plaisait particulièrement dans les grands

salons en Angleterre. Elle ne refusait jamais de participer à un spectacle au profit des démunis et dépensait des fortunes pour ses toilettes de scène et ses vêtements personnels. La Diva et la femme du peuple se disputaient constamment en elle, et c'est probablement la femme du peuple qui l'a emporté. Et quand on la voit porter fièrement le titre de Lady Alys Robi, on comprend que cette dualité a perduré.

Les contradictions s'accumulent. Comment expliquer sa foi, son mysticisme, son amitié envers une religieuse et le tourbillon des cabarets et des salons? Comment peut-on s'inquiéter de ses Pâques qui n'ont pas été faites, prier avant chaque spectacle et ne pas se refuser des amants hors du mariage? Comment être aussi nationaliste tout en demeurant à Toronto? Comment peut-on rêver de gloire et de bonheur quand tant de drames familiaux et de maladies se manifestent autour de soi. Je relis mes notes et je ne vois que des contradictions, qu'une âme déchirée, écartelée qui s'acharne toute jeune à recoller les morceaux.

Et j'ai tellement envie de jeter le masque et d'affirmer que cette femme qui ne comprend pas sa subite déchéance, en gisant sur son lit après un premier électrochoc, fait partie de nous, et nous ressemble douloureusement. Elle fut notre gloire et elle fut notre échec et on la regarde aujourd'hui comme on regarde notre passé. Parfois avec un sourire, avec chaleur ou admiration, parfois avec une gêne sans nom parce que nous n'avons pas voulu assumer ce que nous étions.

6
LA DESCENTE AUX ENFERS

Un artiste rencontré lors de mes recherches me confiait : « J'espère que vous ne considérez pas Alys Robi comme une artiste représentative des années 1940 au Québec ?. » Cet artiste ne faisait évidemment pas partie du cercle des admirateurs, pourtant nombreux, d'Alys Robi et je crois qu'on ne s'est pas très bien compris. Je ne cherchais pas un modèle, une carrière parfaite sans histoire, protégée par une famille exemplaire ou par une fortune personnelle. En fait, je n'ai pas cherché et j'ai trouvé quelqu'un qui s'est donné jusqu'à l'égarement. Quelqu'un qui ressemble à notre impossible rêve. Nous avons tous notre petit Hollywood en tête, nous avons tous terriblement envie de nous sortir la tête de notre misère socioculturelle. Pourquoi n'y parvenons-nous pas ? C'est ainsi que je pense à Alys Robi lorsque je la regarde, avec une rage impuissante, dans sa petite cellule de l'hôpital Saint-Michel-Archange.

Pénétrant dans le monde des psychiatrisés, la jeune et belle femme de 24 ans est dépossédée de tout. Elle devient « interdite » selon les termes de la loi de l'époque, elle n'a plus aucun droit. Elle se considère prisonnière, rejetée, oubliée, humiliée quand elle pense à tous les égards qu'on lui manifestait quelques jours à peine avant son internement...

Cette femme est malade, c'est évident. Elle est brûlée, comme lorsqu'on parle aujourd'hui d'un *burn-out*, épuisée jusqu'au plus profond de son âme pour avoir joué sa vie contre la gloire. Elle a perdu son pari et elle a tout laissé sur la table. Peu de gens ont osé braver le sort jusqu'à un tel degré d'absolu. Alys Robi a voulu conjurer la malchance de sa famille en vivant trois vies à la fois, et peut-être plus. Une vie à Montréal, l'autre à New York, la troisième en Europe, en se hissant parmi les célébrités du monde du spectacle par ses propres moyens, après s'être fabriquée de toute pièce. Alys Robi a été une autodidacte, une *self-made-woman* qui s'est donnée une culture en travaillant d'arrache pied pour lire et apprendre après les heures de spectacle. Ce n'est pas une érudite, elle n'a pu fréquenter les milieux universitaires. Mais elle s'acharnait à apprendre des langues, à connaître des auteurs et à étudier la musique assez bien pour s'impliquer dans la composition d'arrangements musicaux destinés aux grands orchestres.

Cette femme de 24 ans, attrayante, sexy, est une femme déjà brisée intérieurement qui ne comprend pas et qui n'admet pas ce qui lui arrive. Elle demeure assez consciente cependant pour savoir qu'on est en train de briser sa carrière dans cet hôpital. On lui enlève sa raison de vivre, cette carrière qu'elle a pris pour mari et quand elle se révolte, on lui fait subir un électrochoc.

En apprenant que j'écrivais ce livre, une jeune femme divorcée m'a téléphoné pour m'apprendre qu'elle s'était rendue dans un hôpital récemment, souffrant d'épuisement nerveux, et qu'on l'avait gardée plusieurs mois sans qu'elle ne puisse intervenir. Cette jeune femme était encore sous le choc de son hospitalisation. L'événement eut lieu au printemps de 1994. Si elle n'a pas eu à subir d'électrochocs et ne fut pas enfermée dans une cellule, on

122

lui administra quand même bon nombre de médicaments; surtout, on lui enleva sa liberté. On la considérait malade tout comme on a considéré Alys Robi très malade en 1948.

Je remarque qu'on a traité Alys Robi comme tous les autres patients, sans égards, sans privilèges, selon la consigne de la maison, en s'imaginant peut-être qu'il était plus sain et plus commode de traiter tous les patients sur un pied d'égalité. C'était encore très mal connaître les artistes qui ont été de tout temps des êtres protégés par leurs semblables parce que plus fragiles, plus vulnérables, plus visionnaires et, je dirais, plus nécessaires aussi à l'épanouissement d'un peuple. Si Ghandi a déjà dit que la grandeur d'un peuple se mesurait à l'égard qu'il manifestait à l'endroit des animaux, j'aimerais bien croire que la grandeur d'un peuple se manifeste davantage par le soutien qu'il accorde à ses artistes. Alys Robi avait été célébrée et applaudie par des admirateurs de plusieurs pays avant d'être condamnée à l'isolement et l'humiliation. Imaginons le décalage mental, psychologique et psychique qu'elle dût vivre à cause d'un mauvais coup du sort. Son public était son oxygène et elle subit un isolement clinique sans menagement, on la coupe totalement de ses rapports vitaux avec la société. On refuse même qu'elle ait la moindre communication avec l'extérieur de l'établissement psychiatrique, alors qu'on le permettait habituellement.

On dira qu'Alys Robi est malade au même titre que les autres personnes dans cet immense hôpital; on confiera qu'on manque de personnel, qu'on est submergé de cas et qu'il faut aller au plus pressant... Alys Robi est malade, impuissante, incapable de fonctionner publiquement, mais on a oublié que cette femme a déjà donné beaucoup plus que les autres. En 1948, lorsqu'elle arrive à l'hôpital se croyant victime de dépression et de surmenage, Alys Robi se comporte comme une victime de la guerre. Et c'est exactement ce qu'elle est. Une victime de guerre comme les survivants du conflit 1939-1945 ou de la guerre du Viêtnam. Sans avoir supporté le stress des bombes et des mitraillettes, elle a vécu des combats incessants et traumatisants qui lui ont infligé des blessures à l'âme et au cœur? Alys Robi a combattu sur tous les fronts pour s'attaquer au *star system.* Elle n'est pas la seule victime, bien sûr, et le destin tragique de tant de figures légendaires emportées par l'acool, la drogue ou le désespoir, ou tout cela à la fois, témoigne de la périlleuse entreprise qu'il faut mener pour en arriver au sommet d'un art, plus particulièrement au sommet du show-business.

Alys Robi n'a commis aucun abus d'alcool ou de drogue. Elle n'aurait jamais pu maintenir un tel rythme de travail pendant des années si elle avait été sous l'influence de quelque stimulant que ce soit. Elle a plutôt été prise dans un tel tourbillon d'activités qu'elle en perdra la maîtrise de sa vie. On ne refuse pas Hollywood, on ne refuse pas la BBC, on ne refuse pas Paris, la Côte d'Azur, un prochain spectacle à Montréal, et on ne refuse pas d'aller revoir la famille à Québec. Mais le corps, l'esprit, le cœur, refusent, eux, depuis trop longtemps. Et la nature s'est vengée, impitoyablement.

Un internement dans un institut psychiatrique est le drame humain le plus intime, le plus douloureux, le plus humiliant que l'on puisse évoquer. Alys Robi a manifesté un courage surhumain et une grande générosité en racontant les différentes étapes de son internement dans ce livre autobiographique *Un long cri dans la nuit*[1]. Cet ouvrage

---

1. Alys Robi, *Un long cri dans la nuit*, Montréal, Édimag, 1990.

émouvant, qu'ont déjà lu des milliers de personnes, ainsi que quelques confidences recueillies dans les journaux sont les seuls documents qui témoignent du plus douloureux cauchemar de toute la vie d'Alys Robi. À l'hôpital Robert-Giffard, anciennement Saint-Michel-Archange de Québec, on m'a informé que le dossier médical avait été en majeure partie détruit durant les années 1970 et que les onze pages qui résumaient l'histoire de madame Robi lui avaient été remises personnellement. Celle-ci a placé le document sous clef et ne l'a jamais rendu accessible à qui que ce soit.

Je pense que cette femme a été suffisamment humiliée alors qu'elle était dépouillée de tout, de sa dignité même, pour qu'on s'acharne à chercher dans le détail les manifestations de son égarement, accentué sans doute, il faut bien le dire, par la médication et le traumatisme vécu dans l'espace restreint d'une cellule de prison. Cette période de vie lui appartient et je ferme la porte de sa cellule, je demeure à l'extérieur de l'établissement en me permettant des visites de sympathie de temps à autres. Parce qu'elle n'attend que ça, la jeune Alys. On l'a complètement abandonnée. On ne la visite pas.

Victime de préjugés

En 1948, les préjugés qui entouraient la maladie mentale étaient fortement ancrés dans l'esprit de la population. On cachait les malades mentaux comme s'ils étaient des pestiférés. Les plus vieux disaient d'eux qu'ils étaient « possédés du diable » et, si l'on remonte encore plus loin, à la triste époque de l'Inquisition, on se souvient que l'Église brûlait des gens pour chasser le démon qui les habitait. Il arrivait même qu'on laissait croire qu'un parent était décédé plutôt que d'admettre qu'il était interné dans un établissement psychiatrique. La honte était à ce point entretenue souvent plus par ignorance que par méchanceté réelle.

C'est justement en raison de ces préjugés qu'on faisait le silence autour d'Alys Robi. On craignait pour sa carrière et sa réputation, et on redoutait l'attitude du public lors d'un éventuel retour à la scène. Tout le monde s'attendait au retour prochain d'Alys Robi. Personne n'aurait imaginé au début de cet internement qu'on maintiendra Alys Robi absente de la vie publique pendant près de cinq ans. C'est long cinq ans dans une vie artistique : les modes passent de plus en plus vite, les carrières poussent comme des champignons et le pays évolue rapidement. Alys Robi en est parfaitement consciente entre les quatre murs de son donjon. Elle sait très bien que le temps et l'absence jouent contre elle, mais elle est impuissante.

J'imagine... et j'écoute. De l'extérieur de l'hôpital, j'entends des cris, parfois de longs silences inquiétants et puis, pire que tout, pire que les trois traitements d'électrochocs qu'elle subit chaque semaine, j'entends Alys Robi chanter avec orchestre, s'il vous plaît. Non ce n'est pas la malade qui chante, c'est un disque d'Alys Robi qu'on fait passer. On ne pouvait inventer meilleur instrument de torture. On ne pouvait imaginer pire supplice en ranimant pendant trois minutes un monde de musique, de fête, de gloire qui n'est plus celui d'Alys et qui ne sera peut-être jamais plus. Alys a mal, elle souffre au plus profond d'elle-même et si je ne peux dire ce qu'elle fait, comment elle réagit derrière la porte de sa cellule, je veux qu'on sache qu'elle n'abandonne pas, qu'elle s'accroche et qu'elle se bat au milieu de l'arène. Les coups pleuvent sur sa vie, sa

126

mémoire, sa reputation, mais elle n'est pas K.O. et elle ne le sera jamais. Elle prend encore un compte de huit mais le match n'est pas fini. Ne quittez pas votre siège, ce sera un long combat. Napoléon Robitaille n'est pas dans le coin de l'arène pour lui éponger le front entre les rounds, mais, dans l'imaginaire d'Alys, il est toujours là, le gladiateur de son enfance. Elle s'accroche à tous ses souvenirs, tous les beaux moments de sa vie. Elle les décore, les embellit pour se donner un peu de force. Pour lutter jusqu'au bout.

Les mois passent et, un beau jour, on lui annonce qu'elle pourra sortir de l'hôpital et séjourner quelques jours dans sa famille. Alys a peine à y croire. C'est une véritable libération qu'elle s'apprête à vivre, mais sa joie n'est pas complète : elle se doute de quelque chose. En se rendant à la maison, elle apprend que l'être qu'elle chérit entre tous, celui qui demeure son inspiration et sa consolation dans les moments pénibles de sa vie, son petit frère Gérard, est au plus mal. Elle écrivait régulièrement à ses parents pour demander de ses nouvelles et pensait constamment à lui. Elle répétait dans ses lettres qu'elle voulait voir son frère et demandait à ses parents d'intervenir auprès des autorités médicales afin qu'ils lui permettent de sortir. Les parents avaient répondu à sa demande et obtenu des autorités un congé de quelques jours à la maison familiale. En arrivant à la maison, Alys se rend directement à la chambre de son frère malade. Elle brûlait d'impatience de le voir. Rien ne pouvait l'arrêter. Son père voulut l'intercepter et se plaça devant la porte de la chambre.

— Attends un peu, Alys ! Viens prendre un café, on va parler, lui dit le père qui voulait préparer sa fille au pire.

Mais celle-ci ne voulut rien entendre. Elle se débattit comme une tigresse enragée et se rendit au chevet de Gérard. La chambre était sombre et elle eut du mal à reconnaître l'être qu'elle aimait tant. Elle s'approcha du lit et découvrit un corps tordu qui ne pesait pas plus de 45 livres mais qui faisait tout près de six pieds. Gérard était âgé de 19 ans. Malgré la maladie et les souffrances, il avait gardé pendant longtemps son visage d'ange et un sourire lumineux. Dans le quartier Saint-Sauveur, on admirait la force intérieure de cet adolescent handicapé qui ne se plaignait jamais et qui souffrait dans le plus grand secret. Il avait appris très tôt à dominer son corps et à vivre dans un monde de lumière intérieure. On eut dit qu'il était heureux alors qu'il souffrait dans ses os et que son enveloppe charnelle dépérissait constamment. Sa mère lui avait donné des années et des années de soins sans répit. Elle ne sortait plus de crainte que le pire se produise pendant son absence. Elle le nourrissait comme un jeune enfant parce qu'il ne bougeait plus. Elle veillait sur lui jour et nuit et ne prenait de repos qu'au moment des visites d'Alys avant son internement. Celle-ci pouvait fort bien prendre l'avion uniquement pour voir son frère et le soigner pendant quelques jours. Alice se battait pour lui, retenait la vie pour ne pas qu'elle lui échappe et, ce jour-là, elle luttait désespérément. Elle toucha ses jambes si maigres, replaça ses pieds qui n'avaient plus de forme et elle découvrit qu'ils était bleus et froids, trop froids.

— Gérard!, supplia-t-elle, agenouillée, avec des sanglots dans la voix. Dis quelque chose, regarde-moi, va t'en pas!

— Il ne t'entend plus. Il est devenu complètement sourd et aveugle, ma p'tite fille, dit la mère d'une voix basse, résignée, au bout de ses forces et de ses larmes.

Ce jour-là, Napoléon fit venir un prêtre pour qu'il administre à son plus jeune enfant les derniers sacrements. C'en était trop pour Alys, qui fut comme jamais secouée par une tempête de rage, ébranlée jusqu'au plus profond d'elle-même. Réagissant à l'approche de la mort qui guettait son frère comme s'il s'agissait de sa propre mort, elle fut la proie d'une épouvantable crise de nerfs.

— Il va vivre ! Il va vivre ! Il va vivre..., répétait Alys, à bout de souffle.

— Assez !, cria Napoléon.

Gérard Robitaille mourut ce jour-là, le 18 avril 1948, à l'âge de 19 ans et trois mois. Comme s'il avait attendu la présence de sa grande sœur avant de quitter définitivement ce monde. En apprenant la nouvelle, tout le quartier était en deuil. Gérard n'avait pas été que l'inspiration de toute une famille, il avait été également la flamme d'une petite communauté qui le pleura longtemps.

On lui fit de grandes funérailles auxquelles Alys assista, soûle de douleur et de chagrin. Elle venait de perdre l'être qu'elle portait depuis toujours dans son cœur. C'était lui qui motivait ses gestes les plus nobles, qui la faisait grandir, qui la menait vers la beauté et la vérité. Cet être si pur, cet ange la guidait constamment, voilà qu'elle en était dépossédée. Tout ce qui avait fleuri de beau, de bon, de bien en elle tombait dans une flétrissure sans nom. Comme si le Mal avait triomphé, comme si les démons se riaient de la vie et criaient victoire sur les pauvres gens. C'était par trop injuste. Par trop insoutenable.

Les catholiques se consolent souvent dans leurs malheurs en affirmant que Dieu éprouve ceux qu'Il aime. Dans cette perspective, Dieu a beaucoup aimé, trop faudrait-il dire, Alys Robi en 1948. Et pourtant, elle l'a prié, imploré si souvent dans sa petite cellule, à l'abri des regards. Et elle le prie toujours. Il était le seul espoir qui lui restait.

Quelques jours après la mort de Gérard, deux hommes costauds, vêtus de sarraus blancs, frappent à la porte de la maison des Robitaille.

— Nous venons chercher madame Robi, dit l'un d'eux. Elle doit retourner à l'hôpital.

Les deux hommes ne s'étaient pas embarrassés de subtilités et de formules de politesse. Ils venaient récupérer une patiente et exécutaient les ordres sans se soucier de la douleur et du drame que vivait la famille. Napoléon, habituellement si calme et raisonnable, faillit en venir aux coups avec ces infirmiers rustres. Alice calma tout son monde en acceptant d'accompagner ces messieurs sans opposer de résistance. Elle pensa que sa bonne volonté allait être récompensée à l'intérieur des murs de l'hôpital. Ce ne fut pas le cas.

Les traitements aux électrochocs recommencèrent, suivis de périodes d'isolement et de traitements d'insulino-thérapie, qu'on ne pratique plus aujourd'hui. Ce traitement à base d'une très forte médication devait ralentir les activités du patient, le neutraliser en quelque sorte pendant plusieurs jours. On m'expliqua qu'à l'époque on donnait également des bains, de force évidemment, dans le but d'empêcher la déshydratation complète du patient après une période de crise. Ces bains pouvaient être glacés lorsque la température du patient montait d'une façon inquiétante après une trop grande dépense d'énergie alors que le patient était survolté. La médecine psychiatrique a heureusement fait de grands progrès scientifiques. Les soins qu'a subis Alys Robi paraissent aujourd'hui bien rudimentaires, voire barbares. Elle qui tentait par tous les moyens d'abréger son séjour à l'hôpital. Elle connut des heures de découragement profond, des heures de désespoir sans nom, ne voyant plus la lumière au bout de ce long tunnel. Elle prie. Au fond du gouffre, elle n'a jamais été aussi près de Dieu. Parfois, elle se dit qu'elle est bien près du cloître et qu'elle pourrait vivre dans la contemplation et la méditation. Cette pensée la réconforte et apaise momentanément ses angoisses. Mais toujours un cri déchirant la rappelle au monde des horreurs, une infirmière vient briser l'extase et l'apaisement momentanés avec un autre traitement choc.

Le temps passe et les jours deviennent des mois. Un an passe finalement et puis une deuxième année dans ce grand trou noir. Alys se résigne à sa nouvelle vie où elle joue de ruse, car il ne faut pas se plaindre dans cette petite société où l'autorité a tous les pouvoirs. À l'hôpital elle apprend qu'il ne faut pas dire tout ce qu'on pense. Alors elle se tait par crainte de représailles. Elle survit bien péniblement et les conditions de vie dans cet hôpital ne s'améliorent pas. Il faut savoir que Saint-Jean-de-Dieu à Montréal et Saint-Michel-Archange à Québec n'étaient pas des centres hospitaliers durant ces années mais des asiles qui recueillaient par charité des gens malades. On ne peut évidemment parler de traitements appropriés ou d'un suivi médical; un asile, c'est un refuge, un abri, rien d'autre.

En 1948, la psychiatrie n'est pas très avancée au Québec si l'on en juge par les traitements subis par Alys Robi qui raconte qu'elle a reçu des électrochocs à froid, sans anesthésie. La description de la douleur qu'elle en fait dans son livre *Un long cri dans la nuit* donne froid dans le dos.

J'arrivais donc dans cette petite salle au milieu de laquelle se trouvait une table. Au mur, il y avait toutes sortes de machines toutes plus effrayantes les unes que les autres. On m'installait sur cette table en m'y attachant solidement les bras et les jambes. On me mettait aussi un ballon en caoutchouc dans la bouche pour que je n'avale pas ma langue pendant l'électrochoc. Puis venaient les derniers préparatifs et l'installation des électrodes sur mes tempes. J'attendais, immobilisée par mes liens, mais surtout par la peur que l'on vienne brancher le courant. Pas la moindre anesthésie... Pas le moindre calmant. Alors qu'on nous bourrait de pilules à cœur de jour, on s'assurait bien que nous soyons complètement à froid pour subir ces électrochocs.

La douleur était si vive que je ne trouve pas les mots pour la décrire. Tout ce que je vois comme image, c'est une immense boule de feu qui s'abattait sur ma tête et m'assommait. Je sombrais immédiatement dans une inconscience lourde et malsaine. J'imagine que l'on me recouvrait alors la tête et tout le reste du corps, comme on le faisait pour les autres, d'un drap pour me ramener à ma cellule.

J'ai vu sortir d'autres patients de ces séances d'électrochocs, le corps ainsi recouvert comme des cadavres que l'on amène à la morgue. Je me rappelle qu'une fois, le drap a glissé et nous avons pu voir le visage de cette femme qui venait tout juste de subir un électrochoc...

Elle était méconnaissable. Sa bouche était croche et son
visage marqué par une cyanose était bleu. [2]

À la même époque, des centaines d'enfants abandonnés par leurs parents et d'autres nés hors mariage, des
enfants de la crèche comme on disait alors, devenaient
subitement des déficients mentaux afin que l'asile obtienne
de meilleures subventions du régime Duplessis. On les a
appelés les enfants de Duplessis et ces gens parlent encore
des sévices qu'ils ont subis pendant toute leur enfance.
Sévices qui les ont marqués pour la vie.

Nous étions bien loin de l'État-providence. Le premier
ministre Duplessis n'avait pas plus de considération pour
les artistes, qu'il traitait de «joueurs de piano», que pour
les soins accordés aux malades déclarant même que «la
meilleure assurance contre la maladie, c'est la santé».
Duplessis a gouverné en utilisant beaucoup de sophismes
du genre et de calembours de 1944 à 1959. Époque de
noirceur, diront certains, d'autonomie provinciale, diront
d'autres. Mais pendant qu'on débattait des sujets politiques
au Parlement, on ne suffisait plus à la tâche dans les centres
psychiatriques et les patients souffraient. On n'a pas écrit le
livre *Les fous crient au secours*[3] sans raison : une réforme s'imposait dans les centres psychiatriques, Alys Robi n'allait pas
à elle seule changer les conditions reliées au traitement des
psychiatrisés alors que les années 1940 achevaient. Elle sé-
journa pendant presque cinq ans à Saint-Michel-Archange ;
il y eut une brève période de liberté à l'automne de 1950
alors que les autorités de l'hôpital confièrent Alys à ses

---

2.   Alys Robi, *Un long cri dans la nuit*, Montréal, Édimag, 1990, p. 95.
3.   Jean-Charles Pagé, *Les fous crient au secours*, Éditions du Jour, 1961.

parents. Quelles étaient les véritables intentions des membres de la direction de l'hôpital ? J'imagine qu'on avait relâché la jeune patiente dans l'espoir d'une guérison plus rapide à la maison ; les autorités de l'hôpital s'informaient de l'état de santé de la malade d'une façon régulière. Ceux qui ont rencontré Alys à cette époque avaient remarqué certains changements dans le comportement de la chanteuse de 27 ans. Son regard semblait figé, ses gestes étaient souvent ceux d'un automate alors qu'elle s'occupait surtout de tâches ménagères en compagnie de sa mère.

Le journaliste anglophone Ken Johnstone a publié dans l'édition du 11 juin 1955 du magazine *Maclean's* un article particulièrement fouillé qui relate, entre autres, les événements qui entourèrent cette période de liberté qu'a vécue Alys Robi en octobre 1950. Il cite l'auteur Roger Lemelin qui décrit un spectacle qu'Alys Robi a présenté, à Québec, au restaurant Monaco.

« J'ai vu le spectacle de samedi soir. Marquis chantait d'abord et par la suite, il annonça Alys Robi. Tout le monde l'attendait avec impatience. Elle s'avança lentement sur la scène, accueillie par des ovations. L'auditoire savait ce qu'elle avait vécu et on espérait tous dans la salle qu'elle allait prouver qu'elle s'était remise de la maladie, que nous allions retrouver la bonne vieille Alys que nous avions connu dans le temps et que cette fille talentueuse qui avait connu une ascension spectaculaire et une chute dramatique allait grimper les derniers échelons de la libération de sa maladie mentale. J'étais allé voir Alys d'abord par curiosité mais quand je l'ai vue si belle, si charmante, je ne désirais rien de plus que la voir réussir.

L'orchestre commença à jouer et il y eut un silence tragique. Marquis, anxieux lui fit un signe pour l'encourager. La plupart du temps, Alys fixait les lèvres de Marquis qui disait les paroles de la chanson. Elle hésitait parfois en chantant *Parlez-moi d'amour*. La voix avait pris de la maturité et était encore plus émouvante. À la fin de la chanson, ce fut comme une explosion dans la salle. Les gens étaient debouts et criaient bravo! Soudainement, l'électricité, le bonheur et ce sentiment de libération qui animait les gens se propagea jusqu'à Alys. Elle fit un signe à l'orchestre, jeta sa tête en arrière, ondula des hanches et reprit son vieux succès *L'amour*. Tout le monde était debout dans la salle et l'excitation était à son comble. À la fin du spectacle, les applaudissements étaient tellement bruyants qu'on n'aurait jamais imaginé qu'il n'y avait que cinquante personnes dans la salle. Les gens étaient venus voir comment une fille atteinte de folie pouvait chanter et ils voyaient une pauvre fille qui émergeait d'un nid de serpents pour montrer une tête normale dans un monde normal. Ses parents et ses sœurs l'entouraient, l'embrassaient et par la suite elle redevint douce et angélique. Son père accrochait tout le monde par l'épaule et disait : « Dis moi, elle va mieux, hein? ». Moi, j'étais si ému que je ne pouvais rien dire.[4] »

Ce succès artistique n'eut pas de suite. Alys regagna la maison familiale, rue Sainte-Agnès, et reprit la routine des tâches domestiques en compagnie de sa mère. Peu de temps après, il s'est produit un événement que je m'explique mal. Quatre hommes vêtus de blanc se sont présentés à la demeure des Robitaille pour ramener Alys à l'hôpital. Toujours ces mêmes infirmiers, costauds, expéditifs, qui

---

4. *Traduction de l'auteur.*

exécutent les ordres. À l'hôpital, Alys apprend qu'on lui fera subir une lobotomie, cette dangereuse opération qui vise à neutraliser les réactions émotives du patient en sectionnant les faisceaux de fibres nerveuses intracérébrales qui joignent la base du cerveau à l'écorce frontale. Cette intervention chirurgicale, mise au point par les docteurs Freeman et Watts en 1942 et employée pendant une vingtaine d'années, comporte des risques sérieux dont celui de laisser le patient dans un état végétatif jusqu'à la fin de ses jours. Cette intervention ne guérit pas mais supprime le côté pénible de certains symptômes. Cette pratique a été décriée, repoussée par les médecins russes et par nombre de spécialistes, et pourtant on n'a pas hésité à la faire subir à la chanteuse la plus populaire du pays. Cela dépasse l'entendement. Pourquoi ? Quel mystère entoure cette horrible intervention ? Pourquoi prendre des moyens ultimes quand il s'agit d'une chanteuse dont le métier, la vocation dans son cas, est d'apporter le bonheur, le réconfort et le bien-être à ses semblables ? Un psychiatre m'a expliqué qu'on ne pratiquait alors la lobotomie que dans des cas graves, pour protéger la société ou le patient lui-même. En d'autres termes, dans des cas d'agressions sur des personnes ou dans les cas de tentatives de suicide. Madame Robi n'a jamais esquivé mes questions sur ce sujet, n'a jamais cherché à les contourner et, encore une fois, elle a manifesté un grand courage, en revivant la douleur atroce qui l'assaillait alors :

« Pendant ma sortie de l'hôpital, un de mes proches a affirmé aux autorités de l'hôpital Saint-Michel-Archange que j'avais tenté de me suicider. C'est complètement faux. Je n'ai jamais tenté de me suicider. Et on a cru cette personne. J'aime mieux ne pas en dire plus, ça me fait trop mal. Je veux oublier, pardonner... et ne me demandez pas de répéter. »

Jusqu'où l'être humain peut-il souffrir ? Y a-t-il des limites, mon Dieu ? Après la mort de son frère, après deux années d'internement, après l'espoir d'un retour à la vie normale, voilà qu'on la trahit et qu'on la pousse à subir une intervention qui pourrait anéantir ses facultés mentales à tout jamais. Les risques de cette intervention étaient énormes, on le savait, et on assumait pourtant l'éventualité de transformer une artiste célèbre en... légume, sous la foi du témoignage d'un proche. C'est tout simplement révoltant.

Longtemps avant d'aborder cette pénible période de sa vie, j'avais demandé à brûle-pourpoint à Lady Alys, si, dans tous ses malheurs, elle n'avait pas songé à se suicider après avoir entendu tant de gens affirmer qu'à sa place ils n'auraient jamais eu la force de vivre. Combien de gens ont pensé au suicide après une peine d'amour, une faillite, la perte d'un être cher et bien d'autres raisons ? Cette idée nous a tous effleuré l'esprit au cours de notre vie. J'allais dire que c'est presque normal.

« Bien sûr que j'y ai pensé au suicide, me dit Alys Robi. Mais je me suis dit que ce n'était pas moi, ça. Je suis bien trop grande pour ça et j'ai décidé que j'allais vivre le plus longtemps possible pour leur prouver qui je suis. » Cet argument me suffit : Alys Robi n'a jamais été suicidaire et c'est la logique même qui me permet de le prétendre. Cette batailleuse, cette star nourrie de grandeur et de démesure, soutenue par un ego fortement constitué, exigeante mais généreuse et honnête, ne pouvait sûrement pas imaginer une pareille défaite. Elle ne pouvait tout de même pas se donner la mort dans une petite cellule obscure d'un hôpital.

On ne parvient pas au sommet de la célébrité sans avoir livré toutes les batailles et sans avoir gagné pouce par pouce une bonne partie du terrain de la gloire. Si Alys Robi avait imaginé une mort, elle aurait souhaité périr sur les champs de bataille pendant la guerre, en sauvant un enfant, ou tomber sous les balles d'un fou ou d'une femme jalouse en plein spectacle. Un événement spectaculaire, un sacrifice héroïque ; pas un suicide obscur, anonyme et lamentable. La vie d'Alys Robi a toujours été un spectacle et elle n'allait pas quitter la scène de la vie de façon aussi moche.

D'ailleurs, elle se comporte comme quelqu'un qui tient drôlement à la vie lorsqu'on lui rase le crâne à la veille de l'intervention. Elle fait une véritable crise devant les infirmières et subit l'humiliation jusqu'au plus profond d'elle-même. Précisons que nous sommes bien loin de l'époque des *skin heads* ou des disciples de Krishna et que le crâne rasé fait plutôt référence aux femmes juives humiliées et condamnées par les Allemands à une mort atroce.

Une autre manifestation de l'appétit de vivre et de l'espoir que manifeste Alys Robi avant de passer au bistouri, c'est le reflexe qui l'incite à exercer sa mémoire afin de ne pas perdre le fil de sa vie. La mémoire, c'est sa survie. Pendant des jours, elle mémorise tous les noms des médecins, des infirmières et même des patients en plus de revivre mentalement les événements de son existence et de les imprimer en elle.

Même si elle avait déjà développé une mémoire qui lui permettait de puiser parmi plus de mille chansons dont elle connaissait les paroles, la musique et les arrangements, Alys associe avant de subir cette lobotomie la mémoire à la survie, et ce lien n'a jamais cessé d'exister. Comme une grande sécurité dans sa vie. On a souvent parlé de son caractère, de son tempérament, mais on a trop souvent oublié l'intelligence de cette femme qui se manifeste par une très grande lucidité et une mémoire exceptionnelle, encore très vive aujourd'hui. Alys Robi a été sérieusement blessée dans son émotivité et non pas dans sa faculté de concevoir et de créer.

Elle m'a raconté, un jour, qu'elle avait vu, la veille de son opération, des patients qui avaient subi cette fameuse lobotomie. Certains semblaient plus neutralisés que d'autres. Des loques humaines, des êtres complètement amorphes, absents et qui semblaient incapables de réagir à quoi que ce soit. Pourtant le matin même de l'intervention, Alys semblait résignée, fataliste et curieusement confiante. Il faut préciser que le chirurgien Jean Sirois était considéré comme un maître par ses pairs. Il procéda avec beaucoup de délicatesse à l'intervention. L'homme inspirait confiance, parlait doucement et avait réussi à établir une bonne communication avec Alys en répondant à ses questions et en la rassurant. Après cette longue période d'isolement, de réclusion, la jeune femme était sensible à tous ces égards.

L'intervention chirurgicale eut lieu devant un petit groupe d'étudiants en médecine. Il s'agissait d'une lobotomie légère selon l'avis de psychiatres que j'ai consultés et elle fut parfaitement pratiquée par le docteur Sirois. À son réveil, Alys fut accueillie par des sourires. Les infirmières étaient trop heureuses pour ne pas en déduire qu'il s'agissait de l'une des rares réussites d'une intervention de ce genre.

Ce succès lui valut plus d'attention et de meilleurs soins de la part des membres du personnel de l'hôpital. On peut imaginer : en la voyant plus docile, en meilleure santé et plus proche d'une guérison, a-t-on voulu protéger la réputation de l'hôpital ? On savait tout de même qui elle était. On l'a toujours su, mais est-ce qu'on croyait vraiment à ses chances de guérison, à son arrivée à l'hôpital ? Si on la traitait comme toute autre patiente, était-ce parce qu'on considérait qu'elle ne reviendrait jamais sur scène ou même à la vie « normale » ? La question reste posée. En raisonnant ainsi, on oubliait la force de caractère de la fille de Napoléon Robitaille.

Alys demeura un certain temps à l'hôpital, probablement un an ou deux. On la « libéra » finalement, selon son expression, et elle constata qu'elle portait, ce jour-là, les mêmes vêtements qu'à son arrivée et qu'elle reprenait aussi la même valise. Son père l'attendait à la porte de l'entrée de l'hôpital. Malgré son empressement, son impatience et sa grande excitation, elle remarqua un nouveau patient à l'étage des malades : le violoniste Arthur Leblanc, qu'elle reconnût du premier regard. Cette rencontre est troublante : une artiste sortait de l'institut psychiatrique pendant qu'un autre entrait. L'année précédente, la comédienne Murielle Guilbeault s'était enlevée la vie.

Alys se rendit à la maison familiale et redécouvrit les choses toutes simples de la vie auprès de ses parents. Un oiseau, une fleur, des feuilles qui tombent, des enfants qui s'amusent ; quel merveilleux spectacle de la vie paisible après des années d'internement et d'enfer. Un prisonnier pourrait éprouver les mêmes sentiments à sa sortie de prison. Une prison ou un hôpital psychiatrique, c'est la même perte de liberté, le même isolement et la même dépendance envers l'autorité.

Dans la maison familiale qui lui rappelait son enfance et les jours d'espoir, de rêves et de rires, Alys réapprenait à vivre en société. À 29 ans, cette femme encore jeune ne semble pourtant entretenir aucun projet. Elle se contente des tâches quotidiennes qu'elle accomplit avec sa mère et ne recherche pas la compagnie d'anciens amis. D'ailleurs, où étaient-ils tous ses amis pendant son isolement? Où étaient-ils tous ceux qui l'inondaient de fleurs, de cadeaux et de promesses et qui ne juraient que par sa beauté et son talent pendant les années de gloire? Alys avait tellement souhaité, imaginé, rêvé leur présence pendant toutes ces années. Elle avait espéré qu'on la comprenne, qu'on la suive de près ou de loin, qu'on s'informe et surtout qu'on la délivre. Alys fut profondément blessée de ce silence, de cette muraille invisible qu'on avait installée autour d'elle. Elle n'avait pas oublié. Elle n'oubliera jamais qu'aucun gladiateur de ce monde n'a eu le cran, le courage de la sortir de sa tour, avec un cheval et une épée s'il le fallait. Je suis certain que cet homme, elle l'aurait épousé sur-le-champ. Mais personne n'est venu, sauf son père, bien timidement, qu'elle rencontra devant témoin à l'hôpital sans lui dire ce qu'elle pouvait réellement ressentir, par crainte, toujours, des représailles.

C'est donc une femme seule et déçue qui s'affaire dans la maison des Robitaille. C'est aussi tristement une femme qui a perdu confiance en ses moyens. Elle qui fut une inspiration omniprésente dans les milieux artistiques, s'effaçait dans une petite maison, ne rêvant plus à rien. Elle ne croyait plus à l'amitié, ne croyait plus à la carrière et ne devait sûrement plus croire à la bonté des êtres humains après cinq années de traitements et de souffrances morales à l'hôpital.

Ceux qui l'ont vue à l'époque prétendent qu'elle avait perdu l'éclat de son regard, la vivacité et l'énergie qui la caractérisaient. On peut facilement imaginer qu'après tous les électrochocs et la forte médication administrés pendant toutes ces années, Alys Robi devait bien avoir changé. Physiquement, moralement, mentalement, elle n'était plus la même.

Mais ce qui importe davantage, c'est la profonde transformation qui s'opère en elle pendant qu'elle refait ses forces et se prépare à affronter le monde extérieur, alors qu'elle semble si évasive à la maison. Cette femme qui aura bientôt trente ans a perdu plusieurs de ses illusions pendant les dernières années. Elle sait fort bien que rien ne sera comme avant, ignorant encore ce que sera sa vie prochaine, ses fonctions, ses occupations et sa nouvelle carrière.

Les jours passent et elle s'aperçoit que sa vision du monde a changé aussi. Elle ne croit plus aux contes de fées de son enfance, aux amitiés, aux promesses, au faste d'un milieu artistique qui la répugne à ce moment de sa vie. Elle pense au public, le grand public, ces foules qui la réclamaient et qui lui redonnaient de l'énergie. Ces braves gens, elle les aime toujours ; mais peut-elle espérer les reconquérir ? Elle en doute fortement. Elle n'a pas chanté depuis sa sortie d'hôpital et craint de ne plus jamais retrouver ni la voix ni l'énergie ni la magie de la communication sur scène.

Ses valeurs ont changé et c'est maintenant l'être humain qui est au centre de sa vie. Avec la trentaine, Alys Robi aborde la deuxième partie de sa vie et déjà, le premier d'une série de combats s'annonce. Décidément, cette femme ne quittera jamais le ring et devra se battre toute sa vie.

Sa trop forte médication a laissé des traces et créé une dépendance. Elle doit encore prendre chaque jour une importante quantité de médicaments. Elle aurait pu traîner cette dépendance une bonne partie de sa vie ou s'en défaire progressivement sous la surveillance d'un médecin mais il n'est pas dans sa nature d'agir ainsi. Du jour au lendemain, elle refuse toute médication. C'est le début d'une nouvelle vie.

Contre la drogue

L'entreprise est dangereuse et Albertine, la mère d'Alys qui est constamment en sa compagnie, redoute les conséquences d'un tel sevrage. La méthode est radicale, périlleuse, et Albertine a raison de s'inquiéter. Alys souffre terriblement : elle tremble constamment, s'irrite d'un rien, explose, pleure, gémit et tente désespérément de dormir. Mais le sommeil est encore pire : des images de l'hôpital qui reviennent constamment alors qu'elle revoit des hommes en blanc et des instruments de torture et quand elle se réveille elle voit des fourmis, des araignées géantes sur les murs, le plafond et le plancher. Quand sa chambre est envahie d'insectes, elle tente de crier, mais son cri meurt dans sa gorge. Ces images apparaissent pendant quelques minutes à peine mais elle a la sensation de vivre ces hallucinations pendant des heures. Comme si la notion du temps basculait elle aussi.

Lorsque les images disparaissent, Alys cherche son souffle, parle, dit n'importe quoi pour entendre sa voix et porte sa main à son front. Même si elle a beaucoup transpiré, les sueurs sont froides, glacées. Elle gèle comme si elle avait été vidée de tout son sang. De l'eau, il lui faut de l'eau qu'elle avale et vomit. C'est l'enfer, encore l'enfer qui durera pendant des semaines. Une expérience éprouvante pour les parents, mais une lutte à la mesure et à la limite des forces d'une femme qui doit se réadapter à la vie normale.

Je pense qu'il ne faudra jamais mettre en doute le courage de cette artiste qui a passé une grande partie de sa vie à s'attaquer à l'impossible, parfois dangereusement, naïvement, imprudemment, mais jamais en demi-mesures. Elle s'apaise après quelques semaines et semble avoir dominé cet étrange animal sauvage qu'est la drogue « officielle », celle qui est administrée légalement pour le « bien-être » des patients.

Napoléon a retrouvé sa fille lorsqu'elle est revenue à la maison après son séjour à l'hôpital. Pendant des années, la gloire l'avait emportée si loin de lui, si loin de ses projets, de son monde. Maintenant, en la voyant si fragile, si vulnérable, il avait l'impression de retrouver sa petite Alice d'autrefois qui le regardait comme un géant. Elle était redevenue obéissante, incertaine, dépendante de l'affection de ses parents, et Napoléon se remit à rêver, encore une fois, à une carrière pour sa fille. Une deuxième carrière.

Il lui mit cette idée en tête subtilement et laissa sa fille réfléchir pendant un certain temps. Alys argua qu'on l'avait sûrement oubliée, que les choses avaient bien changé en cinq ans et que de nombreux artistes de qualité avaient pris la place pendant son absence.

— Mais c'est ton destin que tu dois suivre, lui dit son père.

Un jour, j'ai demandé à Alys Robi si elle croyait au destin : « Pas du tout, je crois qu'on fait sa vie, jour après jour et qu'on est totalement responsable de tout ce qui nous arrive ». Cette réponse de la part d'une femme qui, dans sa vie, a provoqué tant d'événements ne m'a pas surpris. Elle n'a peut-être pas cru à son destin à cette époque, mais elle a sûrement fini par croire en ses moyens, en une carrière et en son père.

7
LA DEUXIÈME CARRIÈRE D'ALYS ROBI

Voilà le nouveau combat qui lui était proposé : un retour. Voilà la mission qui se dessinait dans son esprit. On lui avait volé son enfance et son adolescence avant de lui prendre totalement et complètement sa liberté d'action pendant cinq ans dans une institution qu'elle voulait oublier à jamais. Oui ! Alys pensa revenir sur scène. Mais cette fois-ci, jamais Alys Robi n'allait oublier Alice Robitaille, jamais l'artiste n'allait étouffer la femme, l'être humain. Alys n'avait pas oublié l'humiliation des cinq années en réclusion, elle n'avait pas oublié l'abandon, la désertion des supposés amis et camarades de travail. Elle savait fort bien ce qu'on disait d'elle et ne pouvait supporter tant de méchancetés et encore moins l'indifférence quasi générale dont elle avait été victime.

Elle se préparait au combat et il s'agissait du combat le plus important de sa vie : celui de la reconquête de sa dignité et celui de la justice rendue à sa vie et à celle de tant d'autres patients séquestrés comme elle. Ils ont autant souffert à l'intérieur des murs d'un hôpital qu'à l'extérieur à cause des préjugés et de l'ignorance des gens face à la maladie mentale.

Ce combat qui s'amorce est, à mon sens, le combat le plus beau et le plus noble entrepris par Alys Robi. Mais à l'époque, le défi était de taille, car il ne faut pas oublier l'ampleur des préjugés des années 1950 face à la maladie mentale. Le commun des mortels ne s'embarrassait pas alors des subtilités à l'égard des problèmes psychiques. C'était l'âge de pierre de la psychanalyse et on ne connaissait que la démence et la folie associées au diable et au péché. Voilà qui arrangeait tout le monde et donnait bonne conscience. En lisant les journaux de l'époque, il est possible de mesurer l'ignorance même des journalistes qui racontaient le séjour d'Alys en institution avec une désinvolture à faire rire ou pleurer. On parle d'électromoteur, de tumeur, de maladie honteuse au cerveau et on ne rate pas l'occasion de souligner une histoire d'amour avec un médecin anonyme qui lui aurait remonté le moral et qui l'aurait pratiquement guérie. Dans les journaux plus sérieux, on se limitait à parler d'un séjour de repos qui lui permet de revenir plus en forme que jamais. Il faut croire que la maladie mentale ne faisait pas chic dans les salons et les milieux branchés d'alors. Jamais n'entendait-on les mots dépressions, fatigue nerveuse, surmenage, et encore moins *burn-out*, et surtout pas schizophrénie. Je le répète, c'était l'âge de pierre des soins en maladie mentale, il y a de ça à peine quarante ans, même pas le temps de la vie moyenne d'un être humain.

Napoléon fut certainement à l'origine de la deuxième carrière de celle qui était redevenue sa petite Alice. Il connaissait sa fille et savait fort bien qu'elle devait reprendre sa carrière le plus tôt possible, sinon elle n'aurait jamais plus le cran de remonter sur scène. Il pensa que le temps jouait contre sa fille et qu'elle devait se comporter comme une accidentée de la route qui se doit de reprendre le volant au plus vite pour ne pas rester traumatisée pour le reste de ses jours.

Sa première démarche fut d'entrer en communication avec l'un de ses amis qui faisait partie du bureau de direction de la firme qui fabriquait la cire «Succès». Comme il savait que cette compagnie était à la recherche d'une vedette pour animer une émission de radio qu'elle commanditerait à la station radiophonique CKVL, il pensa que c'était un excellent moyen pour relancer la carrière d'Alys Robi. Mais il fallait convaincre Alys. Il se rendit à Beauport avec sa fille pour rencontrer l'homme d'affaires qui n'en demandait pas tant. La rencontre fut chaleureuse et Alys se sentit valorisée, choyée et désirée alors qu'elle hésitait encore à se lancer dans la bataille. Le lendemain, elle accepta la proposition. Il lui fallait cependant quitter la maison familiale.

Elle se rendit à la gare avec ses valises et se souvint avec émotion d'un autre départ qui avait eu lieu, dix-sept ans auparavant, quand elle n'avait que douze ans. C'était la même gare, la même ville, mais elle n'était plus la même. À l'approche de la trentaine, Alys savait maintenant ce qui l'attendait. Elle ne pouvait plus rêver, imaginer des châteaux en Espagne ou ailleurs. La vie l'avait déjà assez meurtrie pour savoir que le conte de fées était fini et qu'on avait tourné la dernière page, bien malgré elle. Elle avait le cœur lourd et n'eut été de son père, elle serait probablement demeurée à la maison pendant des années. C'est encore ce brave homme qui l'a remise dans l'arène de la vie sachant très bien que sa fille était une battante, une fière compétitrice comme lui. Elle n'allait pas vivre le reste de sa vie sur un échec, une lamentable sortie de scène. Mais cette fois-ci, Alys allait mener la bataille sur un autre plan : elle allait faire triompher la femme tout autant que l'artiste. C'était une promesse qu'elle s'était faite à elle-même. Mais quel défi !

Alys Robi, à bord d'un train qui la menait à Montréal, allait relever un défi auquel aucun artiste de son envergure, d'ici ou d'ailleurs, n'osa s'attaquer : reprendre une carrière sur scène et sur disque après un séjour de près de cinq ans dans un institut psychiatrique. C'est un exploit qui n'a jamais été suffisamment souligné, une entreprise à mon sens éminemment plus valable et plus spectaculaire que celle d'aller se faufiler parmi les étoiles d'Hollywood.

Alys savait fort bien ce qui l'attendait. Elle quitta la maison pour retrouver une métropole qui s'était transformée rapidement. Elle savait fort bien que la jeune Alys Robi avait ouvert un chemin que d'autres artistes allaient prendre avec autant d'espoir et d'énergies, mais autant d'illusions qu'elle dans les années 1940. Ce jour-là, elle imaginait ces jeunes artistes comme des enfants, ses propres enfants qui essayaient d'imiter leur mère. Fernand Robidoux avait tenté une carrière internationale et le jeune premier de la chanson québécoise n'arrivait pas à percer comme il l'aurait souhaité. Lise Roy l'avait remplacée au « Prix de l'héroïsme » à CKAC ; Jacques Normand qui deviendra le compagnon de vie de cette dernière, s'imposait sur toutes les scènes et préparait déjà une glorieuse carrière à la télévision. Gratien Gélinas avait obtenu un véritable triomphe avec *Ti-Coq* au Monument National et une version cinématographique de son œuvre était envisagée. Le Théâtre du Rideau Vert et le Théâtre du Nouveau Monde avaient vu le jour et Montréal n'était plus le territoire acquis des producteurs américains. La radio et surtout la télévision allaient provoquer l'émancipation de la culture francophone à

Montréal et au Québec. Imaginez le défi qui attendait cette femme de 29 ans qui devait reprendre sa carrière dans un milieu transformé.

Arrivée à Montréal, elle prit une chambre à l'Hôtel Lasalle et se rendit à Verdun, au poste CKVL pour remplir un premier engagement après tant d'années. Elle devait non seulement chanter mais animer cette émission de variétés intitulée «Jouez double» où la chanson se mêlait à des jeux questionnaires et à des entrevues. C'est Alys qui devait assurer le lien entre les invités et les participants en plus de présenter ses chansons. Elle se mourait de trac à sa première émission et se souvient encore de l'appui sympathique que lui manifesta son premier invité, Robert L'Herbier. Celui-ci était alors chanteur et, peu de temps après, il allait participer à l'une des premières émissions produites par la télévision canadienne intitulée « Rollande et Robert » qu'il animait avec son épouse, Rollande Désormeaux, chanteuse et accordéoniste fort populaire.

À la suite de Robert L'Herbier, qui deviendra directeur des programmes à Télé Métropole longtemps après, les invités se succédèrent et Alys se tira fort bien d'affaire dans les circonstances. Elle fut bien payée, bien traitée, mais il lui fallait trouver d'autres engagements pour gagner sa vie puisque le contrat qui la liait à cette émission n'était que de six semaines. À vrai dire, elle était sans le sou après toutes ces années d'absence, insécure et fragile. Il fallut donc qu'elle entreprenne elle-même des démarches pour se trouver du travail. Durant les années de gloire, elle gérait elle-même et fort efficacement sa carrière et réussissait seule toutes ses entreprises. En 1952, quelques mois à peine après sa sortie d'hôpital, elle aurait eu besoin comme jamais dans sa vie d'un gérant pour refaire son image,

151

rassurer les producteurs sur son état de santé et négocier des contrats équitables.

Ce ne fut pas le cas et Alys dut subir très souvent les pires affronts sans broncher. Elle n'avait pas le choix puisqu'elle se devait de travailler et de ne pas fermer les portes du show-business devant elle. Pour la protéger, on taira dans ce livre des noms et des lieux : Alys se fit répondre, un jour, par un propriétaire de cabaret qu'il était très risqué d'engager une folle pour donner un spectacle. D'autres, sans être aussi cruels, tentaient de l'exploiter carrément en lui offrant un cachet plus que modeste. Imaginez à quel niveau pouvait se situer la négociation entre Alys et les producteurs de spectacles ! Certains se montraient plus réceptifs, plus confiants envers les moyens de la chanteuse et cela la rassurait mais quand elle voyait poindre un léger mépris dans le sourire, tout était à recommencer.

On avait déjà oublié, en 1952, qu'elle avait été la plus grande star de la décennie précédente, la première de toutes les stars, et on ne lui accordait pas facilement la chance qu'elle demandait. Elle se contenta de boîtes de deuxième ordre, mais présentait des spectacles de première qualité, en espérant de meilleures conditions et une plus grande ouverture d'esprit.

On raconte bien des choses sur l'attitude d'Alys Robi sur scène lors de son retour à Montréal. On m'a souvent répété qu'elle répliquait vertement aux clients dans différents lieux de spectacle, qu'elle posait des gestes qui pouvaient paraître parfois incohérents. Si elle agissait ainsi, c'est qu'elle devait terriblement souffrir. Jusqu'où l'avait-on poussée pour qu'elle se comporte ainsi ? Jusqu'où pouvait aller la bêtise humaine ? Comment réagir lorsqu'un spectateur vous traite de folle en plein spectacle? Je sais bien qu'Alys n'avait pas toujours choisi les meilleurs endroits pour se produire sur scène à ce moment précis de sa carrière mais tout compte fait, il s'agissait le plus souvent d'un public restreint qui agissait souvent de façon ridicule. Alys était tout simplement admirable, courageuse, obstinée et elle entrait bien difficilement dans les années 1950.

Les années 1950

La colonie artistique québécoise vécut de grands bouleversements durant les années 1950. Après l'euphorie qui suivit la fin de la guerre et la vague de liberté qui déferla sur les grandes métropoles pendant plusieurs années, ce fut le début de la fin de bon nombre de cabarets et de la vie nocturne à Montréal. Pax Plante et un jeune avocat du nom de Jean Drapeau entreprirent une campagne d'assainissement des mœurs à Montréal, ce qui provoqua la fermeture de nombreux établissements. En octobre 1954, le rapport du juge Caron faisait état de corruption à tous les niveaux de l'administration de la Ville de Montréal. On découvrit avec stupéfaction que la métropole du Canada pouvait être comparée à certaines grandes villes américaines au chapitre du crime, et qu'elle portait bien son surnom de petit Chicago.

Les Québécois qui ont suivi la série *Les Incorruptibles* à la télévision ou au cinéma, et ceux qui étaient fascinés par les guerres que se livraient Al Capone et Elliot Ness, savaient-ils que Montréal comptait 12 000 personnes reliées à diverses organisations criminelles dans les années 1950? Durant ces années, le chiffre d'affaires de la mafia montréalaise était le double de celui du budget de la Ville de Montréal, soit plus de cent millions de dollars, selon des chiffres publiés dans le réquisitoire de Pax Plante, intitulé *Montréal, sous le règne de la pègre*[5]. À cette époque, la mafia s'affichait publiquement en prenant ses aises un peu partout et contrôlait une bonne partie des clubs, bars et lieux de spectacle. Dans *Les Nuits de la Main*[6] où j'ai puisé de si précieuses informations, on parle de la série de maisons closes de la rue Clark, des maisons de jeux et plus particulièrement de « barbottes » et de paris illégaux en précisant que c'est au coin des rues Saint-Laurent et Ontario que se trouvait la plus importante centrale téléphonique de paris d'Amérique du Nord.

« La Mafia avait carte blanche, raconte Alys Robi. Un jour, alors que je me trouvais dans un *steak house* près de la Casa Loma, j'ai vu un gars de la mafia braquer son revolver équipé d'un silencieux sur la tempe d'un client. Ils sont sortis, l'homme fut placé contre le mur comme à Chicago, et descendu à la mitraillette. Par la suite, on a mis le corps dans une poubelle. Le lendemain, j'ai vu la nouvelle dans les journaux, comme tout le monde, mais personne ne parlait pour dénoncer ces pratiques. Il valait mieux se mêler de ses affaires, on évitait ainsi beaucoup de problèmes. »

D'autres artistes pouvaient raconter des histoires semblables. Le saxophoniste Vern Isaac voyait des hommes se faire vider les poches par des femmes, se faire assommer ; un soir, il vit même un client se faire tuer à la table voisine, un serveur essuyer le sang pendant que cadavre et tueur disparaissaient discrètement.

---

5. Réquisitoire de Pax Plante, *Montréal, sous le règne de la pègre*, Montréal, s.éd., 1950.
6. André G. Bourassa et Jean-Marie Larue, *Les Nuits de la Main*, Montréal, VLB éditeur, 1993.

La grande majorité des artistes côtoyèrent les gens de la pègre sans jamais les fréquenter. On fermait les yeux comme à Chicago et on faisait son boulot. À vrai dire, les artistes laissaient les gangsters régler leurs comptes ou s'entre-tuer et ils n'entretenaient pas d'animosité envers les gens de la mafia. Dans les années 1940, la mafia avait été plus discrète, plus distinguée, plus reliée au monde des affaires; mais dans les années 1950, les choses se gâtèrent lorsque la nouvelle administration municipale la combattit sur tous les fronts. Et c'est alors que la petite pègre prit la relève. On connaît généralement assez mal la hiérarchie du monde de la mafia; les grands caïds se retirent lorsque la situation devient explosive, laissant la place à la pègre, plus expéditive dans ses méthodes.

Jean Drapeau, avant d'être l'homme des grands projets, fut d'abord le maire des grands combats. En 1954, lorsqu'il fut élu maire de Montréal, il procéda à un nettoyage en règle de la métropole, ce qui fit perdre à la ville sa réputation de ville ouverte. Il fit fermer les clubs à une heure du matin, du jamais vu à Montréal, et exerça une surveillance étroite sur les bars et les maisons de spectacles tout en fermant de nombreuses maisons de jeux illicites.

La guerre fut si féroce qu'on détruisit même de nombreux établissements qui présentaient des spectacles. En face du Monument National, le Roxy fut démoli pour faire place à de nouveaux espaces. Le Théâtre Bijou, l'Hôtel Saint-Laurent et le Théâtroscope connurent le même sort alors que d'autres salles de spectacle furent converties en restaurants et en boutiques. Le visage de la rue Saint-Laurent changea beaucoup durant les années 1950. Cette métamorphose est importante dans l'histoire d'Alys Robi qui y présenta de nombreux spectacles au cours de sa carrière. La rue Saint-Laurent d'aujourd'hui, avec ses terrains de stationnement boueux et ses entrepôts délabrés, n'a plus l'éclat d'antan et commence tout juste à se remettre du grand nettoyage des années 1950.

Je sais bien que la vertu a tous les droits, mais j'aurais bien aimé voir le faste, le clinquant, les grands chapeaux, les cigares et les limousines qu'on promenait devant les salles de spectacle de la rue Saint-Laurent. D'autant plus que l'architecture et la qualité de ces salles maintenant disparues faisaient partie du patrimoine. Imaginez qu'on a failli détruire le Monument National sans égards à son histoire. N'eut été de l'École Nationale de Théâtre qui en prit possession en 1965, le Monument National n'existerait probablement plus aujourd'hui.

Mais on peut expliquer également les transformations qui se produisirent dans le monde du spectacle à Montréal par l'arrivée de la télévision.

La télévision fit son entrée dans les foyers québécois en 1952 et changea rapidement les habitudes de vie des gens. Dès qu'on présenta des spectacles de variétés provenant des États-Unis, dont le fameux « Ed Sullivan Show », l'affluence diminua considérablement dans les *nights-clubs* qui n'exerçaient plus le même attrait. Les propriétaires de ces établissements durent réagir rapidement avant d'être acculés à la faillite et c'est ainsi qu'on vit l'apparition des boîtes de strip-tease.

En fait, c'est la télévision qui provoqua indirectement l'apparition des nouvelles boîtes de strip-tease puisque les boîtes de nuit se devaient de présenter de l'inédit pour attirer la clientèle, et dans ce cas-ci l'inédit devint de l'interdit. On en présenta à profusion. Pas toujours de bon goût et souvent avec bien peu de moyens : trois ou quatre musiciens, un léger jet de lumière et un décor plus ou moins exotique. On était loin de l'effeuillage dans toute sa splendeur pratiqué par Lili Saint-Cyr au Théâtre Gatey's ou par Peaches au Roxy à la fin des années 1940. Le spectacle de Lili Saint-Cyr, cette beauté blonde plantureuse, qui prenait des bains de champagne avec juste assez de bulles, était l'une des attractions majeures à Montréal et je me suis souvent demandé si sa popularité n'approchait pas celle d'Alys Robi... pour d'autres raisons évidemment. Mais Lili Saint-Cyr se fit rare durant les années 1950 alors que le strip-tease se banalisa. Les plus grands cabarets résistèrent à la venue de la télévision en présentant des spectacles inédits de grands artistes internationaux et des numéros exceptionnels. Ce fut le cas de la Casa Loma, du Café de l'Est, rue Notre-Dame, qui avait déjà présenté Charles Trenet, du El Moroco, de l'Esquire dans l'ouest de la ville et de quelques autres établissements bien connus.

Le Faisan Doré, pour sa part, avait fermé ses portes en 1950 alors que l'animateur Jacques Normand avait quitté cette boîte en compagnie de plusieurs artistes pour fonder le Saint-Germain-des-Prés, à l'intersection des rues Saint-Urbain et Sainte-Catherine. Le Faisan Doré devint le Café du Cabaret Montmartre et on invita Mistinguette, qui avait plus de 80 ans, à produire son dernier spectacle à Montréal. C'est à cette occasion que les Montréalais découvrirent Jean Guilda, le travesti qui ne devait plus quitter le Québec par la suite. La célèbre meneuse de revue française obtint un énorme succès au Montmartre et les propriétaires de l'établissement, Fernand Payette et Jos Beaudry, emballés par ce succès, cherchèrent par la suite une autre grande attraction pour remplir la salle et la caisse. On pensa à Alys

Robi et on voulut célébrer son grand retour à la scène. Ayant résisté aux préjugés, parfois à la bêtise d'une minorité, il faut bien préciser, de gens qui allaient voir un « cas » sur scène, une attraction spéciale dans des cabarets pas toujours chic, Alys obtenait des propriétaires du Montmartre la récompense de ses efforts et de ses sacrifices. Elle hésita dans un premier temps, manquant manifestement de confiance en ses moyens, et elle céda finalement devant l'insistance des patrons.

On lui accorda un cachet faramineux pour l'époque, rien de moins que 3 000 $ par semaine. Cet argent était bel et bien mérité car, à la demande générale, on présenta le spectacle d'Alys Robi pendant six semaines consécutives devant des salles combles. Avec Mistinguette, Alys fit les meilleures recettes de l'histoire du Montmartre. Les critiques soulignaient l'excellent spectacle « d'Alys Robi à son meilleur » présenté en octobre 1952 en précisant que les spectateurs venaient de toutes les parties de la province et que « très peu de vedettes canadiennes peuvent se vanter d'être aussi populaires ». Ce spectacle animé par Roméo Pérusse faisait revivre les anciens succès d'Alys Robi dont *Begin the begine, You belong to my heart, Brazil, Le petit vin blanc* et quelques nouvelles chansons, dont *Tu ne peux pas te figurer.*

Le succès de ce retour sur scène à Montréal aurait dû enflammer Alys qui était subitement sollicitée de partout. Mais ce ne fut pas le cas. Ce n'était plus la même femme qu'on retrouvait sur scène. Elle avait chanté les grands succès qui en avaient fait la reine des cabarets des années 1940, on disait qu'elle avait retrouvé ses moyens, son dynamisme, sa maîtrise de la scène mais cette femme était maintenant marquée. Les souffrances des années d'hospitalisation lui avaient fait prendre conscience de tant de choses éphémères. Ses valeurs avaient changé et il n'était plus question d'écraser la femme pour faire revivre la star.

Secrètement elle était inquiète et se demandait souvent si elle pouvait tenir le coup. Les médecins l'avait informée qu'il lui fallait une période de cinq ans avant d'espérer une guérison complète. Et pourtant, elle avait accepté cet engagement au Montmartre quelques mois à peine après sa sortie de l'hôpital.

Plus que jamais, elle avait besoin de sécurité et d'amour. L'approche de la trentaine lui faisait peur. Elle ne se voyait pas vieillir seule, sans mari, sans enfants.

Cette femme libre, audacieuse, emportée jadis par la soif du succès, de la gloire et de l'argent, éprouvait le besoin pressant de fonder un foyer et de s'appuyer sur quelqu'un. Elle voulait encore lutter mais cette fois-ci, elle avait besoin de partager son combat avec quelqu'un de solide. Si le spectacle du Montmartre avait été un succès et que la majorité des gens lui firent un véritable triomphe, elle n'oublia jamais qu'une bande d'étudiants la traitèrent de folle. En réalité, il ne s'agissait que d'un accident de parcours, d'un ou de quelques cas isolés. Mais Alys ne pensait qu'à cet incident. Elle avait répliqué avec une belle assurance sur la scène : « Moi, monsieur, j'ai des papiers signés par des médecins compétents qui prouvent que je suis saine d'esprit, avez-vous les vôtres ? » Même si le public a applaudi cette remarque, Alys fut profondément blessée par l'épisode. Allait-elle tenir le coup encore longtemps ? Lui faudra-t-il répéter ce numéro régulièrement ? Elle avait certes prévu ce genre d'incident mais elle avait mal mesuré sa portée. Les coups faisaient mal et la méchanceté lui était devenue insoutenable. Peut-être qu'à cette époque, Alys réalisa sa fragilité ou son imprudence. Remonter si tôt sur les planches, c'était beaucoup demander à une convalescente.

Plus que jamais elle appela l'amour. Il faut bien dire que l'amour répond généralement à ceux qui le demandent. Un serveur de table se fit Cupidon à la Casa Loma en lui présentant son frère. Cet homme ne faisait pas partie du milieu artistique ni des gens célèbres, mais il avait la prestance, la carrure et le regard pour rivaliser avec tous les Don Juan du cinéma. J'imagine qu'il ne lui manquait que le talent d'acteur ou peut-être n'était-il tout simplement pas intéressé par le milieu. Il était d'origine italienne, employé d'une compagnie de chemin de fer et il plaisait énormément à Alys qui pensait reconnaître l'homme de sa vie. Il arrivait au bon moment, au bon endroit, et Alys se voyait déjà épouse et mère de nombreux enfants, comme sa mère.

Elle était si impatiente d'épouser cet homme qu'elle considérait comme le plus beau de la province de Québec qu'elle ne fît pas durer les fréquentations. Trois mois à peine après l'avoir connu, Alys convola en justes noces avec son bel ingénieur. Le mariage fut célébré à l'église Notre-Dame-de-la-Défense le 17 septembre 1953 et la réception eut lieu au cabaret Casa Loma. On fêta toute la nuit et Alys nageait dans le bonheur. Enfin !

À la maison, Alys se plaisait à se comporter comme une véritable femme au foyer. Elle en était tellement fière, qu'elle se laissa photographier pour les journaux et les magazines dans sa cuisine en train de préparer le repas, dans le salon en train de tricoter sagement ou avec son nouvel époux près du piano. L'image du bonheur parfait. La réalité était tout autre !

L'époux violent

En peu de temps, elle s'aperçut que son mari abusait trop souvent de l'alcool et qu'il avait modifié son comportement à son égard. L'homme gentil et romantique qui évitait stratégiquement de toucher à un verre d'alcool lors de la période des fréquentations avait fait place à un époux possessif, violent et envahissant dès les premiers mois du mariage. On peut facilement comprendre qu'après avoir réussi à se désintoxiquer par ses propres moyens, Alys accepte mal la faiblesse d'un homme qui ne peut s'empêcher de boire. Elle aimait cependant cet homme et se comporta dans un premier temps comme une mère avec ce conjoint qui devait être bien malheureux. Combien de femmes ont pensé changer l'homme de leur vie en espérant constamment des jours meilleurs? Il n'y a, évidemment, jamais eu de jours meilleurs. Le couple se disputa de plus en plus fréquemment à la maison, et jusque dans la loge du cabaret Casa Loma où Alys fut rouée de coups après avoir présenté son spectacle. Le nouveau marié acceptait mal la popularité de sa jolie femme auprès de la clientèle masculine et j'imagine que le jeune Adonis souffrait de la popularité d'une femme qui, sur scène, le reléguait aux oubliettes. C'est le cas classique du mari qui déprime dans l'ombre d'une star. En fait, les problèmes ont commencé lorsque le mari décida de quitter son emploi sans en informer sa femme afin d'être libre pour s'occuper, après ce mois de congé qui fut aussi celui de leur lune de miel, de la carrière d'Alys à titre de gérant. C'était une démarche qui lui paraissait évidente dans la vie d'un couple. Alys, qui savait fort bien qu'il ne connaissait pas suffisamment les rouages de son métier, qu'il n'avait aucune expérience dans la gérance d'artiste, refusa catégoriquement son offre.

Blessé par cette réaction, subitement sans emploi, l'époux aigri accepta un travail de serveur de table à la Casa d'Italia. Frustré, humilié dans son nouveau rôle, il se mit à boire comme jamais et à manifester son agressivité en s'en prenant à sa femme.

Un jour, Alys fut battue si sévèrement qu'elle dût être hospitalisée. C'était encore l'époque où les femmes battues devaient se taire. Alys a gardé souvent le silence, elle a subi les foudres de son mari sans porter plainte. Mais les choses se compliquèrent quand les coups commencèrent à être portés devant témoins. Elles se compliquèrent davantage par la suite et ce fut terrible parce qu'il y avait plus que les blessures, parce qu'il y avait plus qu'un constat d'échec entre les époux, parce que... Alys, surmenée, au bout de ses forces pendant cette autre période agitée de sa vie, perdit l'enfant qu'elle portait en elle. L'enfant qu'elle désirait le plus au monde. Elle se rendit à l'hôpital subir un curetage qui ne fut pas complètement réussi et dut en subir les séquelles plusieurs années plus tard. C'est pour cet enfant qu'elle souhaitait depuis si longtemps qu'elle a tenté par tous les moyens de sauver son mariage, de récupérer cet homme qui s'en allait à la dérive. Quand elle apprit qu'elle n'aurait jamais plus d'enfants, elle décida de mettre fin à son mariage. Mais elle était craintive et redoutait cet homme violent. La seule solution était la fuite. Pendant des semaines et des mois, Alys se comporta comme si elle était traquée. Même si elle avait quitté le domicile familial sans laisser d'adresse, son mari réussit à la trouver et la harcela de coups de téléphone. Sûrement sous l'effet de l'alcool, il la menaça sévèrement à trois reprises. Alys, complètement terrorisée, engagea des détectives privés qui lui coûtèrent une fortune afin d'obtenir une surveillance 24 heures par jour. Alys alerta également la police et chercha désespérément de l'aide. Au moment où les engagements affluaient, alors que la chanteuse reprenait progressivement confiance en ses moyens, la femme était désemparée, torturée par les menaces d'un mari qui ne voulait pas lâcher prise. Il multipliait autant les promesses pleines de bonnes résolutions que les invectives de violence et Alys ne put cacher son désarroi à son père. Celui-ci s'amena à Montréal, et un jour, il fit face à l'homme qui poursuivait sa fille :

« Si tu touches à ma fille, moi je vais te toucher », dit Napoléon. Le mari n'osa pas aller plus loin et quitta les lieux. Si Napoléon n'était plus tout à fait jeune, cet athlète s'était entraîné toute sa vie et en plus de la lutte, il pratiquait le karaté. Il en imposait.

Mais Alys vivait toujours dans la peur et il fallait régler ce problème une fois pour toutes. C'est alors, que pour la première fois de sa vie, elle demanda l'aide de la mafia. Elle avait épuisé tous les autres moyens et elle ne pouvait plus vivre ce cauchemar. Encore fragile après son retour à la scène, supportant encore mal la pression du métier, elle ne pouvait plus se permettre un tel harcèlement. Elle s'en remit donc à un personnage influent de la mafia montréalaise qui assura sa protection.

Avec l'aide d'un avocat de Québec, elle entreprit par la suite des démarches afin d'obtenir, non pas un divorce, mais l'annulation pure et simple de son mariage autant par l'État que par l'Église. L'argument était de taille : Alys Robi était « interdite » par la loi lorsqu'elle prit époux à l'église. Précisons que toute personne « interdite » à l'époque était considérée mineure au terme de la loi et ne pouvait signer aucun document. Alys Robi a récupéré ses droits légaux plusieurs années après sa sortie de l'hôpital. On peut dire cependant qu'à cette occasion, l'épreuve de l'internement lui avait tout de même permis de se sortir d'une situation intenable. Pour la première fois de sa vie, elle avait profité du système. Elle reçut la confirmation de l'annulation du mariage au cours de l'année 1956.

L'argent

On associe spontanément gloire et fortune. Peut-on parler d'une fortune amassée durant les années de gloire d'Alys Robi? Sûrement pas après les trois ou quatre ans de sa carrière internationale; mais cette fulgurante ascension l'avait mis en fort bonne posture financière. Son hospitalisation, en plus de mettre fin à sa carrière internationale, lui coûta beaucoup d'argent et de biens. Tout juste avant d'être hospitalisée, elle avait fait l'achat d'un immeuble à Montréal, une maison de chambres qui lui rapportait de bons revenus, rue Saint-Hubert, et elle possédait toujours le somptueux yacht que lui avait offert Guillermo Gonzales. Elle avait de plus effectué de bons placements. Au milieu des années 1940, Alys Robi touchait plus de 150 000$ par année. Un montant qu'il faudrait multiplier par dix pour l'apprécier dans le contexte actuel, soit plus d'un million par année... Ses revenus provenaient surtout de ses engagements dans les cabarets, à la radio, au théâtre en plus des réclames publicitaires et des redevances.

Selon la secrétaire de Ralph Peer II, le fils de l'éditeur qui prépara la carrière internationale d'Alys Robi, nous fit savoir que la chanteuse québécoise était enregistrée à titre de traductrice dans les dossiers de la compagnie établie maintenant à San Francisco et qu'elle avait signé un contrat à cet effet. Le contrat couvre la période allant de 1946 à 1948 alors que la chanteuse détenait les droits mondiaux de plusieurs traductions françaises, dont *Brazil*. Chaque fois que cette chanson tournait dans les radios des pays francophones, chaque fois qu'on vendait la musique en feuilles ou un disque en version française, partout dans le monde, Alys Robi touchait des redevances non négligeables.

C'est bien beau toute cette petite fortune qui se constitue mais Alys Robi perd tout pendant sa période d'hospitalisation. Une histoire complexe, tordue et encore mystérieuse alors que des avocats, qui avaient obtenu une procuration de sa part, ont tout dilapidé. Alys Robi raconte, dans son livre *Un long cri dans la nuit*, comment elle a fait emprisonner les coupables quelques années après sa sortie, sans toutefois jamais récupérer son argent.

Cette femme, jusque-là très vigilante dans la gestion de ses affaires et dans la négociation de ses contrats, avait été complètement filoutée pendant son séjour à Saint-Michel-Archange. En sortant de l'hôpital, il ne lui restait que 50 $ en banque. Plus de bateau, plus de maison et une carrière à reprendre à zéro. Une « interdite », rappelons-le, n'avait aucun droit et surtout pas celui de signer des chèques ou d'effectuer les plus simples transactions. Elle avait beaucoup travaillé depuis sa sortie de l'hôpital pour regarnir son portefeuille, mais ce n'était plus une carrière internationale qu'elle menait et les cachets avaient beaucoup diminué. De plus, elle soutenait fort généreusement un époux sans travail, sans compter les frais d'avocats pour obtenir son annulation de mariage, qui ont été passablement élevés, même si ces avocats étaient des « amis ».

Mais Alys l'amoureuse, Alys la romantique regarde en avant au milieu des années 1950, elle tente d'oublier ce mariage malheureux. Après le règlement difficile de ses problèmes matrimoniaux, un personnage réapparaît dans sa vie, un homme qu'elle croyait disparu à jamais. Il s'agit du bel Espagnol, Guillermo Gonzalez qu'elle a longuement regretté. Combien de fois a-t-elle revu les plus belles images romantiques de sa vie pendant les longues nuits sur le yacht au Mexique en 1945. Mais c'était déjà loin tout ça. L'avait-il oubliée ? Pourrait-elle encore lui plaire ? Pendant des années, elle ne pensa pas être à la hauteur. Elle ne voulait pas qu'il retrouve une Alys diminuée par la maladie et ce long séjour à l'hôpital.

Le temps passa et, après ce succès au Montmartre qui lui redonna confiance en ses moyens, elle pensa à lui et chercha à le rejoindre. Des lettres, des conversations téléphoniques et déjà des projets. Alys garde cet amour secret et n'en fait aucunement état ni dans les entrevues avec les journalistes ni dans ses écrits. Comme si elle avait toujours voulu effacer cet homme de sa mémoire et on comprendra pourquoi bientôt. Il fut question de mariage et, cette fois-là, Alys croyait qu'elle avait enfin trouvé l'homme de sa vie.

« Un jour, un haut gradé de l'armée américaine frappe à ma porte, rue Bélanger, raconte-t-elle. Il m'apprend que Guillermo a été tué lors d'un accident d'auto à Acapulco. »

Encore une fois, je ferme l'album de la vie d'Alys Robi. Trop, c'est trop. La mort d'un frère bien-aimé, l'internement, la trahison d'un proche, la lobotomie, le pénible retour à la scène, le mariage raté et voilà que le grand libérateur, le prince charmant meurt lors d'un accident. Je pense au lecteur. Va-t-il me suivre jusqu'au bout ? Va-t-il encaisser, comme moi, tous les malheurs d'une femme qui ne méritait sûrement pas tant de souffrances ? Si c'était une histoire inventée, ce serait un mauvais feuilleton. Il faudrait le reprendre, le réécrire, le réinventer, parce que cette vie est par trop éprouvante, invraisemblable, mal aiguillée par le destin. Qui pourrait croire à tant de malheurs réunis dans la vie d'une seule personne ?

*

Il n'y a plus de sauveur pour redresser les torts, pour rendre justice, pour faire réapparaître la petite Alice. Madame Robi, je souffre à votre place et vous, parfois j'ai l'impression que vous ne voulez plus souffrir, que vous ne pouvez plus souffrir. Mais vous résistez encore, encore et toujours. Vous relevez la tête, fièrement, et vos yeux s'emplissent d'espoir malgré tout.

— Quand j'étais petite, j'étais tellement sérieuse, tellement studieuse : je ne riais jamais, je travaillais trop fort. Après mon

internement, j'ai découvert l'humour. C'est important l'humour pour continuer à vivre.

La nuit achève, il ne reste plus beaucoup d'albums des vieux souvenirs à feuilleter. Parlez-moi de vos bonheurs, des beaux souvenirs quand la vie se faisait douce pour vous, quand le mauvais sort faisait relâche.

— J'ai été souvent heureuse en amour. À certains moments, j'étais comblée, transportée par le romantisme, fragile, douce et j'avais toujours l'impression que ça allait toujours durer... à chaque fois. J'ai été heureuse aussi avec ma famille. Je me souviens de la procession de la Fête-Dieu à Québec. Mon père avait fabriqué un reposoir que nous avions placé devant la maison. Enfant, j'allais à la messe tous les matins à sept heures et, quand je sortais de l'église, c'était le plus beau moment de la journée. Je me rendais à l'école en chantant. Le public, évidemment, m'a toujours apporté beaucoup de bonheur, surtout quand je sens qu'il m'aime en m'applaudissant.

— Vous étiez et vous êtes encore romantique...

— On pouvait m'approcher, mais il ne fallait pas me toucher, Monsieur. J'avais les hommes à mes pieds, j'étais belle... Et je l'ai faite toute seule ma carrière, mon cher Monsieur! J'avais pas la grosse machine des artistes d'aujourd'hui, j'étais toute seule, moi!

Parfois Alys parle comme un politicien qui veut convaincre les foules. Il n'y a plus de foule dans ce petit bar et nous étirons la nuit en compagnie de quelques clients. D'autres cherchent déjà le sommeil, les yeux d'Alys s'allument dans la noirceur.

— J'ai horreur du matin, me dit-elle. J'ai horreur de me lever tôt et pourtant je dors de moins en moins. À peine quelques heures par nuit. Vous ne buvez pas trop j'espère, j'ai horreur des alcooliques.

Mais non je ne bois pas et tout ce que je pourrai boire durant les prochains mois, ce sont vos paroles et parfois, ça cogne autant que le cognac... Mais il faut bien parler des artistes qu'elle a connues, les grands noms de son époque que je mentionnerai dans le livre. Les gens adorent retrouver les vedettes d'une autre époque. C'est comme s'ils retrouvent leur jeunesse, leur coups de cœur et leurs inspirations.

— Nat King Cole est déjà venu à la maison à Québec.

— Nat King Cole ? Le fameux chanteur ? Le père de Nathalie Cole ?

— Et puis ? Avez-vous des complexes ? C'est pas parce que c'est un Américain qu'il est supérieur. J'étais parmi ces stars, moi, je faisais partie de ce groupe. Je connaissais Gregory Peck, Miles Davis, Van Johnson, Susa Hayward... Vous savez, on a déjà fêté mon anniversaire de naissance à Hollywood. Ça été un beau moment de ma vie. Ha ! que c'était beau. Plein d'invités, de la musique et de la classe, Monsieur, de la grande classe ! J'étais chez... attendez ! C'était un cow-boy très populaire au cinéma. C'est lui que John Wayne a remplace. Vous connaissez ? Son nom se termine par un « a ». Bon ! Vous trouverez bien. C'était bon, j'étais heureuse. Mais oui, j'ai été heureuse. Il faut toujours finir par en rire... Un peu.

— Comment faites-vous pour traverser les épreuves, pour rebondir et rire encore après tout ce que vous avez vécu ?

— À chaque mois, je m'accorde une journée pour me faire plaisir. J'achète, je dépense des fortunes, je me gâte, j'oublie mes problèmes et je fais tout ce qu'il me plaît. Le lendemain, je reprends le boulot... Vous verrez, vous allez apprendre à me connaître quand on se sera tout dit.

169

Voilà le suspense qui s'amorce. Qu'est-ce qu'elle me dira ? Des histoires de pègre, des histoires scabreuses, des révélations-chocs ? Vite reprenons l'album, il y a peut-être un mystère que je n'ai pas saisi, des éléments de sa ligne de vie que je ne connais pas encore.

Si Alys Robi connut des amours malheureux durant les années 1950, elle n'en mena pas moins une carrière intéressante au cours de cette décennie. En franchissant le cap de la trentaine, sa voix avait baissé d'un demi-ton et prit ainsi de la maturité. La chanteuse devint interprète en intensifiant son jeu de scène et en faisant appel à ses talents de comédienne, qu'elle avait d'ailleurs développés durant son enfance à Québec et plus tard, sur la scène du National avec la troupe de madame Ouellette.

Après le succès remporté au Montmartre, Alys Robi regagna donc le circuit des grands cabarets. Elle participa également à des émissions de radio et donnait souvent l'impression, durant les entrevues qu'elle accordait aux journalistes, qu'elle voulait reprendre sa carrière là où elle l'avait laissée avant son hospitalisation. Elle laissait croire qu'elle voulait retourner à New York, repartir à la conquête du marché international, mais le cœur n'y était pas. Elle avait d'autres objectifs en tête, dont celui de reconquérir son public québécois, retrouver son équilibre intérieur, se refaire des forces et lutter contre les préjugés, vivre sa réinsertion sociale après ce long voyage au bout de la nuit. Plus tard, elle parlera abondamment de son hospitalisation et des traitements subis à l'hôpital ; pour l'instant, elle devrait vivre l'épreuve toute seule, faire le chemin du retour à la vie normale par ses propres moyens, en espérant réussir. Il lui faudra du temps pour prendre du recul face à elle-même, pour comprendre ce qu'elle avait vécu durant les dix dernières années de sa vie, depuis la période de gloire jusqu'à l'oubli, l'internement.

Parmi les grandes scènes où l'on peut la voir durant les années 1950, il faut mentionner le restaurant-cabaret Chez Gérard à Québec où Alys se produisit à plusieurs reprises en 1954. Chez Gérard, c'était la porte d'à côté, tout près de la maison familiale, c'était chez elle, en face de la gare qu'elle a si souvent fréquentée. À l'origine, Chez Gérard était un restaurant sympathique de la rue Saint-Paul qui invitait des musiciens ou des chanteurs pour créer de l'ambiance et divertir la clientèle. Le propriétaire, Gérard Thibault, eut la surprise de sa vie lorsqu'il apprit que Charles Trenet, la grande vedette de la chanson française, avait décidé sur une impulsion de chanter chez lui. Trenet, fantaisiste sur scène comme dans la vie, avait décidé, alors qu'il était de passage à Québec en 1949, qu'il allait présenter son tour de chant dans ce restaurant qui n'était pourtant pas conçu pour les grands spectacles. Il demanda un piano, accordé de préférence, une petite scène, et il s'occuperait du reste. Il s'en est si bien occupé que ce fut le début d'une période qui allait s'inscrire dans l'histoire de la chanson française en Amérique. Tous les grands noms de la chanson française se sont produit Chez Gérard ; Gérard Thibault ouvrit par la suite Chez Émile et À la porte Saint-Jean. Trenet, Piaf, Bécaud, Jacques Pills, Marjane... Plus de deux mille cinq cents artistes ont présenté leurs spectacles dans l'une des boîtes de Gérard Thibault... En 1954, ce fut le tour d'Alys Robi, qui revenait dans sa ville natale. Le spectacle qu'elle présentait était surtout composé de ses grands succès des années 1940 qu'on lui réclamait continuellement. Alys cherchait pourtant à cette époque de nouvelles chansons, afin de se composer un nouveau répertoire. Les chansons sud-américaines la ramenaient à son passé et Alys pensait davantage à l'avenir et à la nouvelle image de ses 30 ans.

L'année suivante, elle présenta un spectacle fort remarqué dans un cabaret de l'ouest de la ville de Montréal, le El Moroco, dont le gérant était un ami de la famille Robitaille, le lutteur Yvon Robert.

Ce spectacle est d'autant plus important qu'il nous permet de suivre d'un peu plus près la démarche d'Alys Robi en 1955 alors que le journaliste Ken Johnstone assiste au spectacle et en fait part aux lecteurs du magazine *Maclean's* en juin de la même année. Ce magazine s'adresse évidemment au public anglophone du Canada qui n'a pas oublié la « darling » des militaires et la vedette de « Latin Serenade » et de tant d'autres émissions de radio provenant de Toronto.

Johnstone raconte que le retour d'Alys Robi a été difficile au Montmartre et qu'elle n'avait pas retrouvé complètement ses moyens. Il ajoute que les critiques ont été gentils, voire compatissants à son endroit ; il oublie de mentionner cependant qu'elle avait tenu l'affiche pendant six semaines et battu des records d'assistance dans le grand cabaret de la rue Saint-Laurent. Ce qui n'est pas un mince oubli.

Il poursuit en écrivant qu'il ne s'attendait pas à retrouver la grande Alys Robi en se rendant au El Moroco et pourtant, le journaliste est époustouflé en entendant Alys chanter *Sincerly*.

« J'avais tellement entendu cette chanson à la radio que je ne pouvais plus la supporter. Mais je n'oublierai jamais cette chanson interprétée par Alys Robi au El Moroco à Montréal. L'intensité, la chaleur et l'émotion que l'on retrouvait dans sa voix ont transformé cette chanson en lui donnant un nouveau sens et la mélodie était devenue une prière. Une émouvante prière. L'émotion avait gagné l'auditoire et la soirée fut une grande réussite.[7] »

Johnstone donna le titre suivant à son article : *The Courageous Comeback of Alys Robi* et raconta pour ses lecteurs anglophones l'histoire de la chanteuse. Alys avait appris les paroles de *Sincerely* le jour même du spectacle et n'avait pratiquement pas eu le temps de répéter. Pourtant, elle avait fait vibrer la salle avec une interprétation émouvante d'une chanson popularisée par les McGuire Sisters. Mais Alys n'imitait personne et transformait tout ce qu'elle touchait. *Sincerely* c'était sa vie en 1955, c'était son chant d'amour, son besoin de vérité, d'authenticité.

Oh lord, won't you tell me why
I love that fellow so
He doesn't love me
But I'll never, never let him go
Sincerely, Oh I love you so dearly...

En 1955, Alys Robi cherchait encore l'amour et, lorsqu'elle chantait *Sincerely*, elle ne cherchait plus : elle mendiait l'amour. Son mariage battait de l'aile. Elle allait tout droit vers le naufrage amoureux mais, encore une fois, elle

---

7.   *Traduction de l'auteur.*

s'entêtait, ne parvenait pas à lâcher prise et présentait des spectacles un peu partout en province.

Elle n'oublia pas sa famille. Elle n'oubliait jamais sa famille. Un jour, on lui proposa de chanter au gymnase Latour à Québec. Alys fut secouée en entendant cette proposition. Est-ce que l'organisateur du spectacle se rendait compte de ce qu'il lui demandait? Rien de moins que de retourner vingt-cinq ans en arrière, au même endroit où elle avait débuté alors qu'elle n'était qu'une enfant et qu'elle chantait avec un porte-voix après les combats de son père.

Elle accepta de se produire dans ce gymnase en prenant une grande respiration. Napoléon, qui avait pris de l'âge, ne luttait plus. Il avait cependant conservé sa carrure d'athlète et l'homme gardait la forme. Ce soir-là, il se présenta au gymnase avec Albertine et sa famille.

Alys n'avait jamais été envahie par un trac aussi tenace le jour d'un spectacle. Elle avait peur. Pas du public mais d'elle-même, de ses réactions, de ses souvenirs qui ne lui laissaient jamais de répit. Elle avait peur du combat qu'allaient se livrer deux personnages en elle : Alys Robi et Alice Robitaille. Elle allait chanter sur l'arène et personne n'allait voir le véritable combat de la soirée. Ce combat, il était intérieur, caché, secret et seuls les membres de la famille pouvaient y assister et en comprendre l'enjeu.

Alys, qui habitait toujours chez ses parents lorsqu'elle se rendait à Québec, avait retrouvé sa chambre que personne d'autre n'occupait en son absence. Elle aimait la sécurité, la chaleur qui enveloppait cette petite chambre de la rue Sainte-Agnès et, chaque fois qu'elle s'y rendait, elle avait la curieuse impression de retrouver la petite Alice en elle. Toute sa vie, Alys Robi a cherché à retrouver les morceaux d'une enfance qui lui a filé entre les doigts. Au moment où on s'y attend le moins, elle se comporte comme une petite fille en regardant les jouets dans un magasin et en cherchant la protection d'un adulte en qui elle a confiance. À 71 ans, elle n'a pas changé. On a raison de dire qu'on n'est jamais à l'abri de son enfance.

Mais ce jour-là, il y avait plus que la chambre et la maison : il y avait la scène. Jamais elle n'était retournée au gymnase Latour, surtout pas durant ces années de gloire qui l'avait menée sur les plus grandes scènes du monde. Elle se rendit au gymnase peu avant le spectacle, gagnée par un trac insupportable. Elle avait besoin de temps, de beaucoup de temps avant de se produire sur scène. Lentement elle s'installa à la table de maquillage. Elle rangea ses produits machinalement, prépara sa robe de scène et, en appliquant une crème sur sa peau, elle découvrit dans le miroir un visage qu'elle n'avait pas vu depuis longtemps.

Comme un choc. Comme une révélation. Elle avait dépassé la trentaine et ce visage arrondi, plus doux, plus pâle, avec des traits plus prononcés que celui de la jeune Alys, lui rappela que les années et les malheurs avaient passé dans sa vie. Elle ne se trouva pas de rides ou si peu. Non !, ce n'était pas les rides qu'elle cherchait, c'était le feu, la flamme des yeux, l'éclat, l'éclair, la lumière du visage. Et elle ne trouva pas. Elle ne reconnaissait plus subitement ce personnage qu'elle voyait dans le miroir : ce n'était plus elle, c'était quelqu'un d'autre, une imposture, une erreur, un malentendu. Qui donc lui avait volé ses cheveux, son véritable sourire, sa lumière, sa force, sa vie ? Qui donc a pris sa place sur scène avec le même nom et les mêmes chansons ?

Elle pensa à son frère Gérard, subitement, et eut le réflexe de lui trouver une place dans la salle. Mais Gérard n'est plus. Gérard n'existe plus. Napoléon ne lutte plus. Alys Robi ne prépare plus son prochain voyage pour Hollywood. Alys Robi ne rêve plus et n'attend plus le prince charmant. Alys Robi vieillit comme tout le monde et les souvenirs lui courent après.

Dans le miroir, elle revoit la petite Alice dans son costume de majorette des pompiers, dans sa petite robe du dimanche et dans son costume de scène alors qu'elle chantait pour le plaisir, rien que pour le plaisir, alors qu'elle n'avait rien à prouver, quand sa vie était intacte. Elle revoit son frère Paul-Émile qui vend les photos de la petite Alice après les spectacles et elle le voit grandir. Elle le voit en uniforme dans les forces armées, elle le voit boxeur, aussi coriace que son père. Toute sa famille défile devant ses yeux : Jeannette, sa confidente, sa sœur si douce et si secrète, Marguerite, la femme d'affaires qui travaillait constamment et qui était si peu souvent à la maison. Elle pense aux enfants de ses sœurs et aux enfants qu'elle n'a jamais eus et qu'elle n'aura jamais. Elle pense à une petite Alice qu'elle aurait pu mettre au monde, qu'elle aurait choyée, protégée comme une tigresse et à qui personne n'aurait fait de mal.

Le miroir renvoya l'image d'un visage barbouillé par la vie comme une tache d'encre sur un cahier blanc d'enfant alors que les larmes se mêlaient au maquillage noir de ses yeux.

Son père entra sur les entrefaites et remarqua le trouble de sa fille.

— Qu'est-ce qui ne va pas, Alice ?

Il le savait très bien. Lui aussi revivait des souvenirs dans ce gymnase. Lui aussi portait son fardeau d'épreuves. Napoléon n'a pas été épargné dans sa vie et il portait en lui, sans qu'il n'y paraisse, tous les drames vécus par ses enfants. Il avait enterré quatre d'entre eux et il n'avait jamais abandonné ses filles souvent malades et le fils qui lui restait. Avec le temps, Napoléon devenait de plus en plus secret, communiquait encore plus difficilement avec son entourage, comme s'il avait voulu garder pour lui tous les malheurs de la famille. Albertine le protégeait à sa manière, le devinait, tâchait de lui faire la vie douce en s'oubliant, comme d'habitude.

Alice et Napoléon se regardèrent pendant quelques secondes sans mot dire et chacun comprit. Le père et la fille venaient de se retrouver, de se comprendre, de s'accepter, de s'aimer ; pourtant ils n'avaient échangé aucune parole et ils ne s'étaient pas touchés. Ainsi étaient faits bon nombre de pères de cette génération, l'intensité de leur amour s'exprimait dans cette difficile distance et ce silence opaque.

— Dépêche-toi, ils t'attendent, lança Napoléon.

Alys refusa encore une fois de se laisser emporter par ses sentiments, se fit violence et monta sur scène fièrement. Ce soir-là, elle chanta avec son cœur, avec son âme. Elle chanta en souvenir de la petite Alice Robitaille.

La télévision

L'apparition de la télévision a bouleversé les habitudes de vie des Québécois au cours des années 1950. Ce petit écran que l'on insérait dans un lourd cabinet de bois précieux pouvait coûter jusqu'à 1 000 $ si on le jumelait à un tourne-disque, à trois vitesses s'il vous plaît : 33, 45 et 78 tours. Il s'agissait d'un achat important au début de cette décennie et bon nombre de consommateurs moins nantis préféraient regarder les émissions de télé en s'installant devant les vitrines des magasins, sans jamais entendre ce qui se disait à l'écran. Les grands magasins aguichaient ainsi une clientèle potentielle lors de l'ouverture de la télévision canadienne en 1952. Quelques années plus tard, les prix baissèrent sensiblement et la télévision entra dans les maisons. Le combiné de son et d'images fit partie des meubles domestiques, apportant au foyer nouvelles et histoires d'ici ou d'ailleurs.

Les gens se sont rapidement attachés à ce petit écran noir et blanc qui présentait un amalgame d'émissions de langue française et anglaise provenant du grand Canada et des États-Unis. On prédisait un grand avenir à la télévision et plusieurs le croyaient. Les familles se réunissaient dans le salon autour du nouveau téléviseur et sortaient beaucoup moins qu'auparavant. Les artistes, on les comprend, étaient fort intéressés par ce média. Dès le début, la télévision se montra fort généreuse envers eux en leur offrant des conditions de travail beaucoup plus faciles que celles qui prévalaient dans les cabarets. On leur offrait également plus de sécurité : des émissions saisonnières et un horaire de travail moins éprouvant.

La télévision fascinait autant le public que les artistes qui étaient appelés à tout inventer à l'intérieur de studios tout neufs. Les artisans de la télévision canadienne s'inspiraient de leurs confrères américains qui avaient ouvert leurs premiers postes en 1948. On créa ainsi des émissions pour enfants en utilisant des marionnettes, on présenta des documentaires, des émissions d'intérêt public avec beaucoup de discussions et, enfin, on songea à une grande émission de variétés qui devait concurrencer le fameux « Toast of the Town », devenu par la suite « The Ed Sullivan Show ». C'est ainsi qu'est née l'émission « Music-hall » qui connut une longue vie à Radio-Canada avec une pléiade d'animateurs.

Et devinez qui fût la première vedette québécoise invitée au « Music-hall » ? Alys Robi, évidemment.

Mais ce ne fut pas suffisant. On ne revit pas Alys Robi à « Music-hall » par la suite. Elle participa quand même à une autre émission produite par Radio-Canada, quelques années plus tard, « Le Club des autographes », animé par Pierre Paquet, alors qu'on présentait, sur fond de scène, une photo d'Alys durant ses années de gloire.

En fait, Alys Robi fut très peu sollicitée par les réalisateurs pour participer à des émissions au début de la télévision. Celle qu'on surnommait la reine des cabarets des années 1940, « la chanteuse des forces armées », la « darling » du public anglophone du Canada, était boudée par la télé. Cette artiste qui participa à la première émission de télévision présentée dans le monde, dans les studios de la BBC à Londres, n'avait plus de place à CBFT ou à CBMT.

À une époque où l'on avait grandement besoin d'artistes polyvalents, de comédiens, de chanteurs et de chanteuses ayant l'expérience de l'animation pour apprivoiser ce tout nouveau média, on ignora outrageusement Alys Robi. Et pourtant, elle était l'une des rares artistes au Québec qui pouvait combler tous ces besoins. Pire encore, on lui fit l'affront de la traiter en *has been* lors de son passage au « Club des autographes » alors qu'Alys dépassait à peine la trentaine. C'était émouvant cette photo d'elle en pleine gloire, c'était émouvant le souvenir de la musique latino-américaine ; mais cette mise en scène n'avait rien pour relancer sa carrière.

Si Alys Robi a toujours eu un flot d'admirateurs inconditionnels derrière elle, elle a eu également à subir les « blocages » de nombreux détracteurs qui n'ont rien fait pour lui permettre de se refaire une image et de participer à la naissance de la chanson québécoise. On arguait sûrement que la chanteuse n'avait pas renouvelé son répertoire et qu'elle reprenait trop souvent ses anciens succès de la guerre. Mais comment pouvait-elle faire autrement ? Ce n'est pas dans les cabarets qu'on se construit un nouveau répertoire et surtout pas dans les conditions dans lesquelles elle travaillait. C'est à la télévision qu'Alys Robi aurait pu reprendre son souffle, redémarrer avec de nouvelles chansons, un nouveau style qui correspondait à son évolution personnelle. Ce nouveau style aurait pu sauver la carrière d'Alys Robi. Et ce n'est pas parce qu'elle roulait mal ses « r » comme on le reprochait si souvent à bon nombre de chanteurs et de chanteuses à l'époque. Ce n'est pas parce qu'elle était « inculte et vulgaire » comme on le reprochait à bon nombre de comiques à Radio-Canada. À la radio de cette société canadienne, on avait rapidement fait appel à ses services dans les années 1940 parce qu'elle maîtrisait la diction, avait la distinction, le talent et la personnalité qui cadraient avec l'image de Radio-Canada. Il me semble qu'on ne perd pas toutes ces belles qualités en si peu de temps. Il y avait autre chose.

Les préjugés contre la maladie mentale n'étaient pas seulement véhiculés dans les cabarets de deuxième et de troisième ordre, ils étaient également bien présents chez les penseurs de la télé.

On avait longuement hésité avant de l'engager pour participer au « Club des autographes ». On craignait le pire de la part d'une chanteuse qui avait séjourné dans un institut psychiatrique. On craignait d'autant plus qu'il s'agissait d'une émission présentée en direct. Et pourtant, le lendemain de l'émission, les journaux réclamaient déjà Alys plus souvent à la télévision. Le grand public avait compris, lui.

Alors que les artistes Jacques Normand, Rollande Désormeaux, Lise Roy, Monique Leyrac, Roland Bédard, Amanda Alarie, Denis Drouin, Émile Genest, Philippe Robert, Janine Sutto, Marjolaine Hébert, Yvette Brind'amour, Robert Gadouas, Pierre Dagenais et d'autres, toutes et tous des compagnes et des compagnons de travail d'Alys Robi, sont récupérés par la télévision, Alys Robi doit reprendre la route et poursuivre son travail dans les cabarets de la province.

Est-ce qu'elle se décourage ? Sombre-t-elle dans la mélancolie ou l'amertume ? Est-ce qu'elle fait une rechute, dénonce cette injustice, abandonne le métier ? On aurait compris. On aurait admis. Eh bien non ! Elle mijote un projet important. Pas pour sa carrière personnelle mais pour celle des autres, pour celle de tous les artistes qui finissent très mal leurs jours dans la misère, l'oubli et surtout la solitude. Elle songe à une maison regroupant des artistes retraités dans le besoin. Pendant toutes ces années dans le milieu artistique, elle avait vu des scènes pitoyables : des anciennes vedettes transformées en mendiants à la fin de leurs jours, des artistes usés prématurément par les trop longues nuits de cabaret, des artistes oubliés, des artistes déchus, des artistes malades. Dans ce métier, la gloire et la fortune sont souvent bien éphémères, et l'on sait que la grande majorité des gens de spectacle ne sont pas très avertis en affaires, et rarement prévoyants.

Alys Robi a donc entrepris des démarches auprès de la secrétaire de l'Union des Artistes de l'époque, madame Jeanne Sauvé, qui allait devenir Gouverneur général du Canada, afin d'obtenir son aide pour la création d'un centre pour artistes retraités. Alys nourrit le projet d'un immeuble construit dans un quartier paisible qui fournirait les soins médicaux aux artistes qui auraient besoin, une petite salle de spectacle et de réunion, une cafétéria pour partager les repas et de l'espace extérieur, du grand air, un peu de bonheur quoi, après en avoir tant donné aux autres.

Pour certains, un tel projet peut sembler une vision idéaliste des choses de la vie; il n'en demeure pas moins que c'était un projet noble et intéressant proposé par une femme que l'on disait encore, par médisance ou ignorance, déséquilibrée mentalement. Il ne faut pas oublier que nous sommes toujours dans les années 1950 et qu'Alys vit encore une période de réadaptation et de réinsertion sociale. Elle a déjà franchi de nombreuses étapes, elle a déjà encaissé de nombreuses épreuves, subi d'énormes pressions et pourtant, elle trouve la force et l'équilibre pour mettre en marche un projet auquel personne n'avait prêté attention jusque-là. Bien sûr, il lui faudra attendre trente ans avant de voir la réalisation de ce projet qui allait profiter à tant d'artistes. Bien sûr que d'autres artistes, gens d'affaires et personnages politiques ont participé à la création du « Chez-nous des artistes » qui ressemble à la vision qu'elle en avait dans les années 1950. Mais seul un esprit sain, une âme généreuse pouvait concevoir, souhaiter et réussir un projet de cette envergure. Alys avait accompli des efforts remarquables pour réintégrer la vie sociale en pardonnant le mal qu'on lui avait fait. Elle avait choisi l'espoir, la confiance et poursuivait sa lutte contre les préjugés. Il faut croire qu'une certaine partie de la société d'alors ne l'a malheureusement pas suivie dans sa démarche.

La victimologie

Pendant qu'Alys Robi s'acharne à se refaire une image et à retrouver son rang de grande vedette au sein de la colonie artistique québécoise au milieu des années 1950, un incident, qui se produit sur la glace du Forum, dégénère en émeute et mobilise une bonne partie des Québécois. Maurice Richard, le hockeyeur bien-aimé, est victime d'une suspension après avoir frappé « malencontreusement » un arbitre lors d'une bagarre. L'anglophone Clarence Campbell, président de la ligue Nationale, prive Richard du championnat des compteurs qu'il avait à sa portée et de sa participation aux séries d'après-saison. Beaucoup d'émotions sont suscitées au sein du peuple québécois lorsqu'il apprend que le meilleur, sinon le plus spectaculaire joueur de son époque, un Canadien français auquel tous s'identifient, se voit ainsi dépossédé des grands honneurs qui l'attendaient. En mars 1955, le Forum est le théâtre de « la plus grande fureur publique depuis la conscription de 1939 », note Jean-Marie Pellerin dans son livre *L'idole d'un peuple, Maurice Richard*. On lance toutes sortes d'objets au président Campbell qui a osé se présenter au Forum, et c'est l'émeute : on fracasse les vitrines du Forum, on renverse des autos de police aux abords de l'aréna de la rue Sainte-Catherine. Maurice Richard n'est plus champion, ni le roi, ni le maître du hockey en ce 17 mars 1955 : il devient une victime. Jamais on a tant aimé ce « Richard au cœur de lion ». Jamais on a tant voulu panser ses blessures, l'appuyer, le choyer. Combien de Canadiens français exploités par des patrons anglophones se sont identifiés à Maurice Richard ce jour-là ?

Même ceux qui ne suivaient pas les activités du monde du sport éprouvaient de la sympathie pour l'athlète humilié, lésé et injustement « condamné ». Il ne s'agit pas de faire le procès de l'incident mais de situer la relation qui prévalait entre Maurice Richard et la population. Au lendemain de l'émeute, Richard a fait appel au calme. Évidemment, la population survoltée l'a écouté, parce qu'on respectait l'homme derrière le symbole qu'il représentait.

Maurice Richard avait été victime de son geste à l'endroit d'un arbitre, mais il avait été aussi victime de sa notoriété, de son ascendant sur tous les autres joueurs de la ligue Nationale. Et c'est la victime qui émouvait la population du Québec.

J'avais songé à intituler ce livre « Peuple sans idole » au début de mes travaux. On m'a fait savoir que ce titre pouvait être perçu négativement et qu'il atténuerait le grand combat que fut la vie d'Alys Robi. J'ai finalement compris ce danger mais je persiste à croire cependant que les Québécois ont préféré depuis cinquante ans les victimes aux idoles dont ils ne pouvaient supporter le poids.

Peuple conquis, ne l'oublions jamais, peuple abandonné par la France, ne l'oublions pas non plus, le Québec francophone a survécu pendant des siècles avec la résistance d'un petit David face à un Goliath américain. C'est un petit peuple qui fut grand par sa résistance à l'envahisseur, par son obstination à parler et à vivre en français malgré toutes les incitations à profiter des avantages d'une autre culture. Ce ne fut jamais facile de vivre en français dans cette Amérique, à l'intérieur de ces « arpents de neige », isolés que nous étions du continent, souvent incompris, ignorés, hors circuit. Pour protéger leur culture, les Québécois se sont longtemps repliés sur eux-mêmes. Pas étonnant de retrouver tant de personnages dans notre littérature qui redoutaient la présence d'un « étranger » dans les parages. Le Québécois n'est pas foncièrement xénophobe, il craignait l'envahisseur et la présence étrangère ; il redoutait plus que tout de perdre sa langue et sa religion.

On ne peut donc surtout pas parler d'un peuple de conquérants inspirés par des héros charismatiques, flamboyants, rayonnants de confiance et d'optimisme. Ce peuple de survivants, de travailleurs, qui se résigne à la conscription, à la misère et aux postes de subalternes dans les années 1930 jusqu'aux années 1950 et qui tentera de se prendre en main par la suite, s'identifie à des victimes qui lui ressemblent.

Le maire Camilien Houde, emprisonné pour avoir milité contre la conscription canadienne, est adoré par la population de Montréal. L'humble frère André, simple portier qui se débat pour la construction de l'Oratoire Saint-Joseph, fascine les foule. Il guérit les malades alors que sa santé est chancelante. Sur les scènes du Québec, c'est Gratien Gélinas qui attire les plus vastes auditoires avec ce personnage de Fridolin qui fait rire mais qui n'en demeure pas moins victime de sa pauvreté, du gouvernement, des bourgeois, des snobs et, évidemment, des anglophones. Plus tard, il composera la victime la plus achevée que le Québec ait connue, *Ti-Coq*, avec un jeune personnage pourtant agressif, frondeur comme Fridolin mais qui perdra sa blonde, ses amis, la famille qu'il espérait former, lui qui fut toute sa vie un bâtard. Une dizaine d'années plus tard, Marcel Dubé fera du *Simple soldat*, Joseph Latour une autre victime de choix, un inadapté qui n'est jamais revenu de la guerre de Corée. Ces deux pièces ont attiré les plus grandes foules dans nos théâtres. Est-il nécessaire de mentionner la popularité d'*Aurore l'enfant martyr*, un drame qui battit tous les records d'assistance ?

En feuilletant les livres et les journaux racontant notre petite histoire, il me semble de plus en plus évident que le Québec a développé au fil des ans une propension pour la «victimologie». La grande majorité de nos héros populaires sont des perdants, des victimes, des déracinés que la population du Québec a aimés, consolés, pleurés, et ce, dans quelque domaine que ce fût. Guillaume Plouffe qui semblait être un gagnant, n'a pourtant jamais réussi à se rendre dans les ligues majeures du base-ball. Il a raté sa carrière. Olivier Guimond faisait rire sur scène parce qu'il était victime de sa femme ou de son patron, comme tous les comiques du Québec. À peu près le même scénario pour Gilles Latulippe ou Yvon Deschamps, exploité par son «boss» dans les années 1960.

Il suffit de regarder la mine de René Lévesque, au lendemain du référendum perdu et très souvent dans sa carrière politique, pour voir le véritable visage du Québec, celui que l'on préfère malgré tout.

Sans jamais la nommer durant les derniers paragraphes, vous avez sûrement dessiné dans votre imaginaire le portrait d'une femme qui rejoint tous ces personnages. Alys Robi les a tous connus, elle les a tous aimés. Je me demande même si elle n'a pas inspiré Roger Lemelin pour la création du personnage de Guillaume qui n'a jamais réussi sa carrière de base-balleur aux États-Unis. La « victimologie » permet de réunir tant d'hommes et de personnages du Québec que je cherche vainement des exceptions. La mère Bolduc fut très malade à la fin de sa carrière et elle chantait surtout la misère des petites gens. J'ai longuement parlé des créateurs des années 1940 précédemment et dans la plupart des cas, il faut reconnaître qu'ils ont été victimes de leur génie. De Nelligan à Gauvreau et Hubert Aquin, les naufrages sont nombreux et inquiétants.

Alys Robi est aussi l'une de ces nombreuses victimes. Mais elle se distingue de toutes les autres parce qu'elle n'était pas préparée à jouer ce rôle. Au début de sa carrière, Alys Robi tranchait nettement avec ses confrères et consœurs de la scène en affichant une attitude triomphaliste que rien ne semblait pourvoir ébranler. Dans les années 1940, Alys Robi menait une carrière à part, non seulement avec un style de musique inspiré par les Américains, mais aussi une attitude mentale typiquement américaine. La conquête de l'ouest faisait également partie de ses plans. Elle étonnait les gens par sa confiance, son assurance, et ce personnage dérangeait beaucoup plus qu'on ne voulait l'admettre. Dans le milieu artistique, on peut facilement imaginer ce que plusieurs artistes plus timorés pouvaient penser d'elle. Il faut également souligner qu'à ses heures de gloire, Alys Robi se manifestait de plus en plus souvent à l'extérieur du Québec, elle habitait Toronto puis New York. Comme si la réussite était gênante au Québec. Comme si la réussite signifiait inexorablement l'étranger. Et l'étranger faisait peur.

En très peu de temps, cependant, Alys Robi est passée du statut de star internationale à celui de victime nationale. La relation qui s'est établie entre Alys Robi et le grand public durant les années 1950 me paraît ambiguë. Certes, certains l'ont évincée, l'ont redoutée en ne facilitant aucunement son retour à la scène après une longue absence. Mais elle fut également suivie, admirée, choyée par d'inconditionnels «fans». C'est en quelque sorte l'*establishment* de l'industrie du spectacle qui a boudé le retour d'Alys Robi durant les années 1950, ou du moins qui se montra fort sceptique quant à ses capacités pour la télévision ou sur la scène. Pour sa part, le grand public se montra plus généreux, plus respectueux et plus ouvert. Alys avait payé et payait encore le prix pour rejoindre la galerie des grands héros populaires. Ce n'est pas à la télévision ni dans les journaux qu'il fallait mesurer la popularité d'Alys Robi. C'était dans la rue et c'est encore dans la rue, où les gens la reconnaissent, l'approchent comme si elle faisait partie de leur famille.

J'insiste : Alys Robi devait payer le prix de cette histoire d'amour avec le public. Comme si on voulait la punir encore un peu plus d'avoir obtenu tant de succès. À la fin des années 1950, elle ne cessait de travailler dans les cabarets de la province en espérant toujours présenter de grands spectacles sur des scènes prestigieuses. Alys qui avait toujours étudié un peu plus que les autres à la petite école, Alys qui s'acharnait encore à perfectionner son travail, ne pouvait se résoudre à présenter des spectacles improvisés, bâclés, dans des petits cabarets de province. Elle n'avait pas renoncé à la qualité de son travail, elle n'avait pas renoncé à la belle musique et avait bien du mal à expliquer ses intentions à des musiciens qui ne jouaient bien souvent

189

que... par oreille. Habituée à travailler avec de grandes formations musicales et des musiciens chevronnés, Alys se présentait toujours aux répétitions avec ses feuilles de musique et tout son matériel de scène. Elle discutait habituellement des arrangements, s'informait des moyens techniques de la salle, vérifiait la sonorité, les éclairages. Dans certains cabarets de fortune, toutes ces peines étaient inutiles : personne ne lisait la musique, on improvisait la mise en place du spectacle avec les moyens du bord, sans rien négliger toutefois pour vendre beaucoup d'alcool. Le plus possible, c'était la consigne du patron.

Alys parvint tout de même à présenter de bons spectacles en travaillant d'arrache-pied avec ces musiciens de fortune. Elle songeait depuis un bon moment à modifier son répertoire, mais, dans de telles conditions, c'était courir à la catastrophe. Elle reprit donc ses grands succès d'antan en se débattant pour sauvegarder la qualité de ses spectacles mais elle finit par se lasser.

En 1957, Alys Robi accuse les coups. Pour la première fois de sa vie, elle abandonne, elle lance la serviette. C'est une femme triste qui regarde derrière elle et ne constate que des dégâts. Elle veut fuir, quitter le pays, tout effacer et recommencer à neuf. À 34 ans, elle éprouve le pressant besoin de vivre. Elle a voulu vaincre les préjugés, mener un combat exemplaire, donner l'exemple d'un retour réussi à la vie publique après cinq ans d'internement et elle constate que rien ne fonctionne en sa faveur. Elle a reçu les derniers papiers de son annulation de mariage, Guillermo Gonzalez est décédé et elle ne veut plus jamais entendre dire qu'elle est une folle en liberté ou une artiste d'une autre époque. Elle veut tellement changer la mentalité des gens, elle veut tellement aimer et se faire aimer, et voilà qu'elle se retrouve seule, guettant constamment le mépris d'un imbécile quelque part dans une salle de spectacle.

C'est trop. Elle ne peut plus tenir le coup et décide impulsivement de quitter le pays. La scène rappelle étrangement le départ de la petite Alice qui, à 12 ans, quittait la maison familiale et la ville de Québec pour s'installer à Montréal. Cette fois-ci c'est un pays qu'elle quitte, et elle choisit de vivre à Paris pour tout oublier. Alys ne part pas en voyage. Elle a apporté ses objets les plus précieux et compte bien s'installer à demeure à Paris. À ce moment précis de sa vie, elle se jure de ne jamais revenir au Québec. Elle veut recommencer sa vie à neuf et elle sait fort bien que c'est impossible au Québec. Pendant cette période de découragement, elle se considère marquée, irrémédiablement reliée à un passé dont elle ne pourra jamais se sortir et choisit donc ce Paris qu'elle avait visité et aimé une douzaine d'années auparavant. Là-bas, où l'on ignorait tout d'elle, on la laisserait vivre et elle pourrait faire la paix avec elle-même.

En arrivant à Paris, elle n'éprouve aucune envie de courir les imprésarios et de reprendre sa carrière artistique. Loin de là. C'est la femme qu'elle veut ressusciter en elle, l'être humain, l'étudiante qu'elle aurait voulu être toute sa vie. Elle s'inscrit donc à l'Université de Paris afin d'approfondir ses connaissances de la langue espagnole qu'elle maîtrisait pourtant fort bien. Peu importe, elle veut en savoir davantage, connaître la culture latine, découvrir les secrets des anciennes civilisations : vivre enfin ! Oublier son coin de terre, son passé, ses amours et plonger dans un autre monde. Elle avait connu Paris durant ses années de gloire mais, cette fois-ci, elle pouvait vivre le plaisir unique de la Ville lumière et ce fut toute la différence du monde. Paris est une ville fascinante pour ceux qui savent l'apprivoiser et

191

Alys avait enfin tout le temps de s'abandonner pour mieux se retrouver. Paris est, à mon sens, une ville qui guérit comme nulle autre, les plus profondes blessures. C'est une ville qui s'accommode si bien de la solitude et de la langueur sentimentale.

Alys demeura au pavillon québécois de la Maison du Canada pendant une bonne partie de son séjour à Paris et je crois qu'elle y fut très heureuse. Elle avait repris ses forces, retrouvé ses valeurs et, preuve ultime de sa grande forme physique et mentale, elle commença à sentir le mal du pays : elle s'ennuyait du Québec. Elle appelait de plus en plus fréquemment, et à grands frais, ses parents à Québec. Et tous ceux qui ont vécu la pénible expérience des appels téléphoniques outre-mer pourront facilement imaginer l'impérieux besoin qu'éprouvait Alys de communiquer avec ses parents. Il fallait beaucoup s'ennuyer pour risquer un appel interurbain depuis la France à la fin des années 1950.

Encore une fois, son père Napoléon intervint dans la vie de sa fille en lui conseillant de revenir au pays où, disait-il, son public l'attendait. Amour et culpabilité paternelle se mêlaient sans doute dans son appel au retour.

C'est avec grande joie qu'Alys est revenue à Montréal. Si elle avait apprécié la grande solitude au début de son séjour à Paris, elle réalisa par la suite qu'elle était malgré tout une vedette au Québec et qu'elle aimait exercer son métier, qu'elle aimait toujours les gens de son pays et qu'elle ne pourrait jamais s'en détacher.

Elle se rendit un jour dans un bistrot de Paris et commanda tout bonnement un verre de lait. Le garçon de table, outré, la fixa longuement et fit :

« Madame, vous voulez priver un enfant de la France de son lait. »

Alys sortit du bistrot humiliée, exaspérée et pensa qu'il était temps de retrouver le confort canadien. Elle avait séjourné pendant six mois en France; tout le temps qu'il fallait.

Elle avait beaucoup réfléchi pendant cette période et elle avait compris qu'il fallait s'accommoder de toutes ces choses de la vie qu'on ne peut changer, et surtout elle avait accepté de « s'accepter » elle-même. Alys avait joué tant de rôles dans sa vie afin de plaire à tout le monde et à son père (dans son cas, ce n'était pas qu'une simple expression). Elle avait dû composer avec tant de personnages et de milieux différents qu'elle s'était souvent perdue. Ce séjour en France lui permit de se retrouver, de se reconnaître et d'entreprendre une autre vie au Québec. L'expérience parisienne, plus qu'une fuite et un refuge, avait apporté le repos nécessaire et conduit Alys à une prise de conscience personnelle : oui, sa vie était indéniablement liée à celle du Québec, inexorablement.

*

Nous sommes à la fin des années 1950 et à l'approche d'une nouvelle décennie, Alys Robi se confond encore à l'histoire du Québec. Elle a changé, Alys, et le Québec s'apprête également à changer. Comme une renaissance qui s'annonce, comme une tempête, un grand bouleversement que les gens du Québec ressentent, que les artistes prédisent et que les politiciens préparent.

193

La fin des années 1950, c'est la fin d'une époque beaucoup plus que celle d'une décennie. Maurice Duplessis, le premier ministre du Québec, meurt à Schefferville en 1959. Son successeur, Paul Sauvé entreprend son discours avec un célèbre « Désormais... ». Il mourra lui aussi peu de temps après il aura été cent jours à la tête de la province. C'est la fin de l'ère Duplessis, que l'histoire s'est empressée de juger bien sévèrement. C'est la fin de la grande noirceur clament les artistes et les intellectuels de l'époque, et c'est le début de la Révolution tranquille au Québec.

L'Amérique a achevé les années 1950 sur des airs de « rock and roll » et, curieusement, le Québec n'a pas suivi. Alors qu'Elvis Presley révolutionnait le monde de la musique avec ses guitares électriques et un style atomique, le Québec faisait de Michel Louvain son idole. Louvain, qui pourtant n'a pas enregistré un seul « rock » de sa vie, provoquait à la fin des années 1950 des émeutes partout où il passait. Le jeune chanteur de charme préféra reprendre de vieux succès de la chanson française et chanter à peu près tous les prénoms de ses admiratrices de *Linda* à *Louise* en passant par *Sylvie* et les autres... Michel Louvain fut sûrement la première vedette populaire de cette époque et il fut suivi et imité par une pléiade de jeunes chanteurs qui achevaient à peine leur adolescence. La mode était aux jeunes loups.

Alys revenait au pays, prête à reprendre une nouvelle vie après avoir oublié le passé. Il y eut comme une coupure à cette période de sa vie. À 37 ans, elle se voyait sur l'autre versant de sa vie. Elle était encore trop jeune pour raconter ses souvenirs et mystifier le passé, mais elle était en même temps trop expérimentée, trop adulée, trop connue pour s'en remettre à un jeune gérant et une jeune industrie du disque et du spectacle qui entendaient fabriquer des artistes à la chaîne. Alys voulut toujours conserver sa liberté et mener sa carrière à sa guise. À la fin des années 1950, Alys reprend sa place dans le monde du spectacle, alors que le Québec cherche une nouvelle expression de son identité nationale. C'est une période de transition que tout un peuple vivait alors qu'il fallait mourir avant de revivre. Comme un urgent besoin de tout balayer, de faire table rase, d'évacuer le passé, de balancer par-dessus bord tant de valeurs, tant de souvenirs.

Napoléon Robitaille mourut subitement en avril 1961 à l'âge de 72 ans. Retraité depuis quatre ans, il n'avait jamais cessé d'être à l'emploi du Service des Incendies de la ville de Québec. Il tomba face contre le trottoir, victime d'une thrombose coronarienne. Napoléon n'eut pas le temps de souffrir, de dépérir et d'agoniser entre les mains de médecins. Il détestait les médecins et faillit s'en prendre aux infirmiers qui s'étaient présentés pour venir chercher Alice au moment de sa maladie. Jamais il ne fit appel aux médecins, jamais il ne leur fit confiance et il quitta ce monde d'un coup sec, comme il l'avait voulu. Alys perdait son meilleur conseiller, son meilleur ami, son plus grand admirateur et Napoléon emportait avec lui l'enfance d'Alice Robitaille. À 38 ans, Alys ne pouvait plus compter que sur elle-même et faire face à la vie et à la musique.

Fermons le grand livre de la vie d'Alys Robi, encore une fois, pour reprendre notre souffle. J'ai des images d'Alys Robi plein la tête, des photos, des extraits d'articles sans date, du papier jauni, fragile, des notes d'hôtel, des lettres qui glissent entre les pages. C'est lourd sur les genoux et dans la tête, mais je ne peux m'en détacher. C'est une histoire du Québec qu'il me faudra raconter, une autre histoire du Québec, celle qu'on n'a jamais connue.

— Tout est dramatique dans votre vie, Madame Robi. Faites-moi rire un peu, je serais déçu si je n'écrivais pas un passage drôle dans ce livre.

— C'est vrai, je suis comique parfois et je fais maintenant du « stand-up comic » dans mes spectacles. J'aime faire rire les gens. L'autre jour, j'ai commandé un rôti de bœuf dans un chic restaurant de l'est de la ville. Quand j'ai eu fini, j'ai demandé un « doggy bag » pour mon chien parce que le morceau de viande était trop gros : « Mais vous n'avez pas de chien, vous avez un chat », me dit la serveuse qui me connaissait bien. Bonne idée, que je lui ai répondu, donnez-moi mon sac, je vais m'acheter un chien !

La scène est authentique mais je n'ai jamais vu le chien. Ce qui fut encore plus drôle, cependant, de me retrouver dans l'escalier de la résidence de madame Robi avec des albums dans les mains, une tringle à rideaux de dix pieds sur l'épaule, en tenant le bras de madame Robi qui perd son soulier sans lacet dans l'escalier.

Il fallut qu'en plus, elle ne trouve point sa clef et nous dûmes
réveiller le propriétaire de l'immeuble à l'aurore. Je sais, j'anticipe
la fin de nuit, mais l'Halloween me permet de voyager dans le
temps et de mêler les cartes, les sorcières me l'ont permis.

Et puis j'ai d'autres questions à poser dans ce bar dont je ne
trouverai jamais le nom. Je veux connaître Alys à New York, à
Paris ou ailleurs. Racontez-moi, Madame, tous ces châteaux.

— À New York, je demeurais dans une garçonnière qui
faisait partie d'une grande maison. C'est Louise qui s'occupait des
repas et du ménage. Je n'avais pas le temps de m'occuper de la
maison. J'avais des amis à New York qui ne faisaient pas partie de
mon métier, mais parfois j'allais faire la tournée des grands-ducs
avec Miles Davis, Nat King Cole et des musiciens américains, le
samedi soir. Nat King Cole est venu me voir quand je chantais au
Beaver Club et il m'a dit : «J'en ai pour un mois à vivre Alys.»
C'était un homme qui dégageait beaucoup de douceur, mais qui
pouvait être très ferme. Quand je suis retournée à Paris dans les
années 1960, c'était pour retrouver la mémoire. Je ne me souvenais
plus du Paris que j'avais vu en 1944. Tout s'était déroulé trop
vite à cette époque... Vous savez, j'ai été souvent malade dans ma
vie. J'ai eu des problèmes avec mes yeux, j'étais presque aveugle et
j'ai subi deux crises cardiaques.

— Vraiment ?

— Mais oui, je vous l'ai dit tantôt, vous ne m'écoutez pas
quand je vous parle !

Et moi qui ne fais que ça, écouter. Vais-je parler du mauvais
caractère, des emportements d'Alys Robi qu'on dit spectaculaires ?
Absolument pas. Les gens sont bien susceptibles et ne comprennent
pas toujours le langage d'Alys qui n'a rien de malicieux. Je sais
fort bien qu'elle tente de m'éprouver, de tester ma carapace avant

de la percer, mais elle est dure, Madame, ma détermination et je tournerai les pages de cet album jusqu'au bout.

Et en feuilletant l'album, il manque un détail à propos de cette trahison d'un proche qui a prétendu aux autorités de l'hôpital que vous vouliez vous suicider. Sur quoi se basait-il pour affirmer une telle chose ?

— Cette personne avait vu ma fenêtre ouverte !

Reprenons l'album.

8

LES ANNÉES DE L'OUBLI

Les années 1960

Pendant qu'Alys Robi rentre sagement à la maison chaque soir après un engagement dans un cabaret, sereine, résignée, portant le deuil de son père, le Québec explose à son tour et se met à l'heure du monde. La petite province jadis repliée sur elle-même et retranchée dans ses terres, multiplie les contacts avec les pays étrangers, s'affirme et vit durant les années 1960, une révolution dite tranquille. C'est la fin de la peur, de l'isolationnisme, de l'index, de la censure, de l'autoritarisme de l'Église, du gouvernement et le Québec s'engage dans une période de rattrapage et de libération accélérée comme on a rarement vu dans l'histoire du monde. « C'est le temps que ça change », affirmaient les Libéraux de Jean Lesage qui comptaient dans leurs rangs René Lévesque, Paul Gérin-Lajoie, Georges-Émile Lapalme, Claire Kirkland-Casgrain, Pierre Laporte... Le Québec a beaucoup changé durant cette décennie qui marqua l'histoire du Québec comme jamais auparavant.

Curieusement, le Québec des années 1960 se comporte comme la jeune Alys Robi des années 1940 qui était obsédée par une carrière internationale. Elle affichait cette confiance, cette énergie et ce besoin de s'affirmer à l'étranger en tant qu'individu et en tant que Canadienne française.

La fierté qu'éprouvaient les Québécois des années 1960 ressemblait étrangement à celle d'Alys Robi qui portait jusque dans son nom le lys du Québec. De plus, elle faisait montre de la même indépendance d'esprit, de la même audace et de la même franchise qu'un peuple désespérément à la recherche de son authenticité. On ne rejetait pas le christianisme dans le Québec des années 1960, mais on rejetait les abus d'autorité de l'Église, notamment dans le domaine de l'éducation. On ne rejetait pas le pouvoir, la morale et la tradition, mais on rejetait la censure, l'obéissance aveugle, la politique de bout de chemin, le dirigisme et l'étroitesse d'esprit. Et cette liberté de vivre et de s'exprimer pleinement ici et ailleurs, Alys Robi l'avait vécue quinze ans auparavant dans vingt ou trente pays du monde.

Et cette même femme demeurait tranquillement à la maison sans participer à cette révolution. Le Québec d'alors était en pleine mutation, essentiellement tourné vers son avenir en évitant soigneusement de consulter son passé. On a mystifié la jeunesse durant les années 1960 comme jamais on ne l'avait osé en ce siècle. Aux États-Unis, John F. Kennedy succédait au très austère Dwight Eisenhower à la présidence du pays. Kennedy n'était âgé que de 42 ans lorsqu'il prêta serment avant d'accéder à la Maison-Blanche et il formait, avec son épouse Jacqueline Bouvier, plus jeune que lui de quelques années, un couple qui faisait rêver les romantiques de l'Amérique.

Au Canada, Pierre Elliott Trudeau apportait un vent de fraîcheur et de jeunesse qui l'a mené jusqu'à la tête du gouvernement canadien. Au Québec, il n'y en avait que pour les jeunes dans tous les secteurs. La politique appartenait dorénavant à la jeune génération et on vit se multiplier les regroupements politiques nationalistes dominés par les

Claude Charon, Pierre Bourgault, Marcel Masse, Robert Bourassa... et les autres. Si les allégeances étaient nombreuses, tous étaient mobilisés : le Québec devenait subitement l'affaire de chacun.

Montréal préparait son Exposition Universelle de 1967, ouvrait les portes de son métro, de sa Place des Arts et dans tout le Québec on se préoccupait de culture. Enfin !

Les artistes, si longuement négligés par tous les gouvernements depuis le début de la confédération, furent subitement pris en considération, je dirais même choyés durant ces années. On construisit des salles de spectacles, on appuya la création par l'entremise de bourses et de subventions et on favorisa entre autres l'essor de la chanson québécoise. Radio-Canada institua même un concours de la chanson canadienne dans le tournant des années 1960, qui fut remporté d'abord par Jacques Blanchet avec *Le ciel se marie avec la mer.*

Jacques Blanchet faisait partie alors du groupe des chansonniers. Les artistes de la chanson du Québec n'avaient pas leur équivalent en France. Dans la mère patrie, le chansonnier parodiait l'actualité alors qu'au Québec, il écrivait et interprétait ses chansons. C'est d'ailleurs dans les boîtes à chansons qu'est véritablement née la chanson québécoise. On avait déjà écrit des chansons originales avant les années 1960, mais c'est à partir de la naissance et de la multiplication des boîtes à chansons que s'est érigée l'industrie de la musique québécoise.

À l'époque, les moyens étaient rudimentaires : on louait une salle, on installait des filets de pêcheurs aux murs, on servait du jus de pommes aux tables et on invitait les Claude Léveillée, Pierre Létourneau, Claude Gauthier,

Jean-Guy Moreau, Pierre Calvé, François Dompierre si on disposait d'un piano bien accordé, Robert Charlebois, Jean-Pierre Ferland si on avait les moyens financiers et, suprême bonheur, Félix Leclerc, quand celui-ci en avait envie... Ce qui était plutôt rare.

Les chansonniers de cette époque mystifiaient la Gaspésie, les longs rivages, les goélands, les bateaux, la mer et les amours malheureux. Avant l'apparition de Michel Tremblay et de ses *Belles-sœurs* en 1967, les artistes s'exprimaient dans un français quelque peu emprunté, portaient la cravate ou le chandail de laine et s'inspiraient surtout de la poésie de Baudelaire et de Verlaine. Ils s'accompagnaient habituellement eux-mêmes à la guitare ou se produisaient avec un pianiste. Les spectacles étaient chaleureux, sympathiques et authentiques. Certains artistes étaient éblouissants, d'autres profitaient d'un engouement pour les boîtes à chansons et disparurent aussi vite qu'ils avaient surgi. Mais au total, la chanson québécoise y gagnait en talents et en développement, car certaines œuvres étaient remarquables.

Alys Robi allait-elle prendre un virage, se nourrir de cette chanson québécoise naissante, transformer son répertoire et refaire surface sur de nouvelles scènes? Absolument pas et cette situation s'explique d'une bien étrange façon.

Durant les années 1960, le monde du spectacle québécois était divisé en clans distincts. Un auteur-compositeur-interprète, dit chansonnier, ne participait jamais au même spectacle qu'un artiste populaire et ne remettait pas les chansons qu'il avait composées à un autre artiste. C'était la loi du chacun pour soi. Les seules exceptions à cette règle furent Renée Claude qui se faisait l'interprète des chansonniers, et Monique Leyrac, qui chanta du Vigneault et du Leclerc. Et encore là, Renée Claude faisait partie du circuit des boîtes à chansons.

Alys Robi n'eut jamais accès à ce bassin de chansons et j'imagine que le circuit de ces petites boîtes improvisées dans les salles d'école ou dans les sous-sols d'églises par des producteurs à peine sortis de l'adolescence ne lui aurait pas particulièrement plu.

D'autre part, l'autre clan de la musique québécoise était constitué de chanteurs populaires qui devaient se contenter de reprendre d'anciens et parfois de nouveaux succès français, mais surtout des versions américaines. Parmi tous ces interprètes, on retrouve Michel Louvain, Pierre Senécal, Claude Vincent, Fernand Gignac qui fait revivre le tango dans les années 1960, Ginette Sage, la jeune Michèle Richard, Margot Lefebvre, Yvan Daniel, Normand Knight, et un peu plus tard Pierre Lalonde, Donald Lautrec, Joël Denis, Gilles Brown, Serge Laprade, Renée Martel, Ginette Reno évidemment, et combien d'autres. Ce fut d'abord au «Club des autographes» que les nouveaux interprètes québécois se manifestèrent en direct dans le grand studio 42 de Radio-Canada. Alys participa à l'une de ces émissions dans les conditions dont je parlais précédemment. «Jeunesse d'Aujourd'hui» devait prendre la relève par la suite en présentant tous les interprètes «pop» du Québec. Cette émission fut le tremplin de nombreuses carrières et fit connaître aux Québécois une nouvelle généra- tion de chanteurs et chanteuses qui venaient la plupart du temps présenter leur tout dernier disque. La plupart de ces artistes avaient l'allure et le rythme de la jeunesse, et «Jeu- nesse d'Aujourd'hui» bénéficiait des meilleures cotes d'écoute de la nouvelle station de télévision privée, CFTM, le canal 10.

Alys Robi atteignait puis dépassait la quarantaine et n'était manifestement plus dans le vent lors de cette décennie qui n'en n'avait que pour les jeunes et la nouveauté. Mais elle n'était pas la seule à vivre cette triste expérience. Au milieu des années 1960, la vague yé-yé mit au rancart les plus grands noms de la chanson française, dont le plus grand, Charles Trenet, absent des principales scènes de France. Je le répète : on a évacué le passé avec une rare insolence durant cette décennie. La tradition, les usages, les monuments et tout ce que le passé avait légué de riche et de valable fut bafoué sans aucune considération. Dans l'euphorie du mouvement de rajeunissement général, les artistes d'avant ne comptaient plus beaucoup.

« On a peut-être jeté l'eau avec le bébé », dira, beaucoup plus tard, Gilles Vigneault en parlant de cette époque. Formule lapidaire qui s'avère malheureusement juste et on ne réalisera l'ampleur des dégâts qu'au cours des années 1980, dans une sorte de *flashback* salutaire et coupable. En attendant le retour du balancier, Frank Sinatra enregistrait une chanson sur un rythme de twist, Tino Rossi chantait *Le temps des guitares* et n'importe qui avec un « look » de jeunesse et une belle gueule pouvait chanter yé-yé sur disque. J'exagère à peine.

On comprendra qu'Alys Robi n'ait pas voulu être dans le coup et jouer la carte de la mode à tout prix. Cette musique primaire ne correspondait pas à la belle chanson qu'elle avait défendue toute sa vie. Elle attend que la vague passe. Elle passa.

Heureusement, en 1963, un événement lui permet de refaire surface et d'occuper les premières pages des journaux spécialisés : on fête les vingt-cinq ans de vie artistique d'Alys Robi devant une salle comble à la Casa Loma, prestigieux cabaret de la rue Sainte-Catherine où Alys s'est produite régulièrement jusqu'à la fermeture. De nombreux artistes participent à cette fête animée par Jean Roger. Le moment le plus émouvant de la soirée ? C'est lorsqu'Alys tombe dans les bras de sa mère et fond en larmes. Le journal *Nouvelles Illustrées* a le mauvais goût de titrer à cette occasion : « Ma mère, c'est la seule qui ne m'ait jamais traitée de folle ».

Les journaux font grand état de cette fête qui a mobilisé les deux étages de la Casa Loma pour recevoir tous les invités. On profite de l'occasion pour raconter la vie d'Alys Robi : les journalistes misent sur la sensation et aucun détail n'est épargné sur la maladie d'Alys, son séjour à l'hôpital et sur ses relations avec la pègre. L'un d'eux va même jusqu'à écrire qu'Alys est traquée par la pègre, que son mari a profité de son absence pour faire annuler son mariage — ce qui est contraire aux faits — et que s'il écrivait tout ce qu'Alys lui avait raconté, elle n'en aurait que pour une semaine à vivre. Vous voyez le genre !

Je pense qu'on ne voyait pas qu'Alys entreprenait à ce moment-là une campagne pour faciliter la réinsertion sociale de gens atteints de maladie mentale. Elle acceptait de livrer son expérience personnelle dans ce but. Le seul journaliste qui a compris le message, en 1963, fut le jeune Pierre Trudel, actuellement animateur d'émissions sportives à la radio. Il raconta dans *Nouvelles Illustrées* à peu de choses près ce qu'on a su par la suite. À 40 ans, Alys racontait son passé et son histoire passionnait les lecteurs. Cette femme, encore belle et vive, aurait mérité de travailler, d'évoluer sur de grandes scènes ou sur disque, mais il lui fallait laisser passer la vague, acceptant de vivre un peu dans l'ombre.

Le marché du disque est plus florissant que jamais dans les années 1960. Le « hit parade » et les « top ten » deviennent des institutions avec lesquelles il faut compter. L'artiste qui veut faire carrière se doit d'inscrire ses enregistrement au sommet de ce palmarès s'il veut obtenir des engagements dans les grands cabarets ou participer aux grandes émissions de télévision. En fait, le disque triomphe et de nombreux cabarets sont convertis en discothèques dans les centres-villes de Montréal et de Québec.

C'est le déclin des cabarets alors que la télévision et les discothèques captivent la grande majorité des Québécois qui veulent sortir et s'amuser, se divertir et danser. Le vaudeville est en perte de vitesse et bon nombre d'artistes de ce secteur jadis populaires cherchent du travail.

Gilles Latulippe, un jeune comédien que le public a découvert lors de la présentation de *Bousille et les justes* alors qu'il interprétait un inoubliable frère Nolasse, entend bien perpétuer la tradition vaudevillesque. Au milieu des années 1960, il se porte acquéreur d'un théâtre de la rue Papineau qui devient Le Théâtre des Variétés et Latulippe renoue avec le vaudeville en présentant les grands comiques et les grands interprètes que le public n'a pas oubliés.

Il faudra un jour rendre un hommage public à Gilles Latulippe, un grand comédien qui a été sollicité par de nombreux directeurs de théâtre pendant toute sa carrière et qui a préféré perpétuer un art qu'il ne voulait pas voir disparaître. Latulippe a été le plus grand admirateur d'Olivier

Guimond et un grand défenseur du vaudeville et du burles que. Plutôt que de se contenter de mener une carrière confortable en attendant les offres, Latulippe a préféré consacrer une bonne partie de sa vie à présenter une forme de théâtre qui plaisait encore à la population et à faire vivre des artistes boudés par la télévision ou les cabarets. Réclamé par la télévision, le cinéma et le théâtre, Latulippe n'avait aucunement besoin du Théâtre des Variétés pour gagner sa vie, tous en conviendront. Il a présenté de grands noms dans son théâtre du Plateau Mont-Royal mais il a également constitué une petite troupe qui participait à la plupart de ses spectacles. Je sais bien qu'il a déjà éprouvé des problèmes avec l'Union des Artistes qui lui reprochait de ne pas respecter les tarifs de l'Union, mais on peut penser que Latulippe préférait engager un plus grand nombre d'artistes et leur donner du travail et de la dignité. Je crois bien, par exemple, que la comédienne Manda Parent était bien heureuse de jouer chez Latulippe avant de mourir.

Celui-ci a fait appel à son idole, Olivier Guimond, lors des premiers spectacles du Théâtre des Variétés. Il fit appel également à Alys Robi qui retrouvait là un public d'un autre âge et qui se souvenait de ses années de gloire. À sa première prestation, Alys fit salle comble dans ce théâtre et y revint régulièrement. Après cette série d'engagements, Alys constata que son champ d'action était plutôt limité. Elle avait dépassé la quarantaine et, après trente ans de métier, elle s'interrogeait sur son avenir. En France, Édith Piaf a été célébrée jusqu'à la fin de sa vie ; Ferré, Montand, Aznavour, Bécaud n'ont jamais cessé d'être de grandes vedettes ; aux États-Unis, Frank Sinatra, Tony Bennett et George Burns sont plus populaires que jamais à un âge avancé. Mais au Québec, les stars sont beaucoup plus facilement délogeables.

Alys en faisait la pénible expérience à la fin de ces années de Révolution tranquille.

Elle ne pouvait pas se produire dans les boîtes à chansons, les cabarets où elle avait triomphé à une autre époque disparaissaient les uns après les autres et les grandes salles de spectacle étaient tellement coûteuses que seuls les artistes étrangers pouvaient les remplir sans problème. Alors où donc pouvait se produire Alys Robi, à la fin des années 1960?

Il n'y avait plus qu'une seule possibilité : les clubs gay.

Les gays

Alys hésita longtemps avant de présenter son spectacle dans un club gay pour la première fois de sa vie. On lui proposait d'ouvrir la porte d'un monde qu'elle ne connaissait pas. Elle avait connu plusieurs homosexuels au cours de sa vie artistique et respectait leur orientation. Ce qui l'inquiétait, c'était la perception qu'ils pouvaient avoir d'elle sur scène. Elle craignait d'être ridiculisée tout simplement parce qu'elle était une femme. Elle craignait d'être chahutée et humiliée par ces hommes. En somme, elle entretenait tous les préjugés véhiculés par les gens qui ne connaissent pas ce milieu.

Alys accepta finalement l'offre du propriétaire de La Rose rouge, un club fort prestigieux de l'ouest de Montréal. Tendue, incertaine avant d'attaquer sa première chanson, Alys se détendit progressivement et retrouva tous ses moyens en voyant devant elle un public attentif, respectueux et complice, qui ne ménageait pas ses applaudissements après chacune de ses chansons.

Elle avait rarement été aussi bien accueillie, aussi respectée durant cette décennie. Et cette femme qui dépassait largement la quarantaine avait besoin de respect et d'attention à ce stade de sa vie. On la fêtait, on la célébrait ce soir-là et Alys, toute surprise, vécut une de ses plus belles soirées de spectacle.

« On ne m'a jamais traitée de « mentale » dans un club gay, dira plus tard Alys Robi. Ces gens m'ont respectée et je leur serai toujours reconnaissante d'avoir sauvé ma carrière et ma dignité à la fin des années 1960. Vous savez, il y a différentes classes sociales dans les clubs. Je me suis toujours produite dans des clubs de grande classe et les gays qui s'y retrouvent sont particulièrement polis, attentifs et respectueux envers moi. J'ai été impressionnée par leur comportement et surtout par leur politesse : ce qu'on ne retrouve pas toujours dans les clubs d'hétéros. »

En fait, cette rencontre avec le monde gay était inévitable pour Alys, à tout le moins symbolique, puisqu'il s'agit de la rencontre de deux solitudes. Alys a été rapidement admise et respectée dans le monde fermé des homosexuels ; ils ont en effet reconnu en elle une autre minorité, un être marginal et blessé, tout comme eux.

Ce premier engagement fut le début d'une longue association avec un groupe minoritaire de notre société, qu'Alys apprit à connaître et à aimer.

Un membre de cette communauté m'a expliqué un jour que les divas fascinaient les gays : « Ils adorent les personnages de l'envergure d'Élisabeth Taylor, Liza Minelli, Diane Dufresne, Barbra Streisand, parce que toutes ces vedettes n'ont pas de vie privée. Et les gays n'ont pas de vie privée non plus. C'est pour ça qu'ils doivent toujours se surpasser, devenir des génies, des vedettes et réussir mieux que les autres. Souvent leur vie sentimentale est brisée et ils savent très bien que toutes ces divas ont raté leur vie amoureuse. Être tout simplement gay, c'est déprimant ».

Je me doute bien qu'il s'agit là d'une approche discutable du monde gay et de ses vedettes mais je retiens de cette conversation un lien, une complicité évidente entre la marginalité, la grande blessure d'Alys et celle de ce monde. Après tant d'années de lutte contre les préjugés tenaces à l'endroit de la maladie mentale, Alys pouvait comprendre la lutte de ces gens contre d'autres préjugés dont ils étaient victimes.

Les gays savent aussi reconnaître le petit sourire méprisant qu'on échappe lors d'une conversation. Ils connaissent également la solitude, le rejet, l'intolérance et le ghetto dans lequel on enferme tous les marginaux d'une société qui accepte encore bien mal la différence. Et puis je pense qu'on pèche surtout par ignorance bien plus que par méchanceté, dans leur cas comme dans celui de tous les marginaux d'ailleurs.

Le phénomène gay est généralement mal connu de la population. On a caricaturé ces gens sans savoir qu'ils formaient un groupe important de la population. Selon un porte-parole du Centre communautaire des gays et lesbiennes de Montréal, des chiffres sérieux démontrent que plus de 10 % de la population du Québec est déclarée homosexuelle.

Dans les années 1960, les gays ont profité eux aussi de cette vague de liberté nouvelle et certains parmi eux ont cessé de vivre clandestinement. Ils n'étaient pas plus nombreux qu'auparavant : comme il y a en toujours eu dans notre société, ce n'est pas un phénomène de mode. Précisons que le *bill Omnibus*, voté par le Parlement d'Ottawa à la fin des années 1960, sécurisait leurs droits : ils n'avaient plus à craindre de vivre dans l'illégalité, ils pouvaient ouvrir des bars de rencontre, des cabarets et des lieux de spectacles à leur convenance.

C'est une initiative importante de cette communauté puisqu'elle permit la survie de plusieurs cabarets dans les années 1960. De nombreux lieux de spectacles ont aussi été récupérés, ce qui a incité plusieurs artistes à poursuivre leur carrière. Il y eut différentes qualités de spectacles, différentes clientèles, comme dans tous les autres milieux ; mais un dialogue avec la société commença à la fin de ces années, souvent avec courage et sincérité. Ce fut le cas de l'auteur Michel Tremblay qui fit part de son orientation sexuelle à la télévision lors d'un *talk show* animé par le comédien Jean Duceppe. Depuis, plusieurs personnalités connues du grand public ont fait part de leur homosexualité. Mais combien de gays et de lesbiennes se terrent encore, vivant clandestinement et repliés sur eux-mêmes. S'ils étaient plus de quinze mille lors de la dernière parade de la fierté gay et lesbienne, il faut en compter peut-être dix fois plus dans la seule ville de Montréal, qui ne vivent pas toujours dans la même fierté publique.

Michel Girouard dévoilait lui aussi son homosexualité à la radio et épousa même publiquement le pianiste Réjean Tremblay à la même époque. Sans parler d'un « divorce », les deux partenaires se sont séparés par la suite, et Réjean Tremblay devint l'accompagnateur de madame Robi. Cette association dure encore et en plus d'être un excellent musicien, Réjean Tremblay est particulièrement attaché à madame Robi : sa mère a souffert de la même maladie et cette

211

femme s'inspire de la force et du courage d'Alys Robi pour réintégrer la société.

Les gays ne sont pas tous regroupés à l'intérieur du monde culturel, celui des branchés de la ville de Montréal. Ils occupent maintenant tous les secteurs et fonctionnent comme le commun des mortels. Toujours selon les chiffres du Centre communautaire, à peine 20 % des gays fréquentent les bars et les salles de spectacles. La grande majorité de ces gens forment des couples durables et vivent une relation discrète, sans chercher à multiplier les conquêtes.

Il faudrait préciser cependant que le pouvoir d'achat des gays est important. N'ayant en général pas de dépendants et partageant plus facilement les dépenses, ce sont des consommateurs importants et ils constituent un public averti et fidèle. Si on retrouve parmi eux de nombreux artistes, ils forment également une bonne partie des consommateurs de spectacles. Il faut en tenir compte.

À la fin des années 1960, cependant, ils étaient plus timides dans leurs entreprises et leurs cabarets n'étaient pas assez nombreux pour faire vivre une chanteuse. Alys Robi se produisait dans les meilleurs, mais elle ne pouvait présenter que quelques spectacles par mois. Ses revenus diminuèrent beaucoup, ses économies y passèrent. Alys Robi, la grande star, en fut réduite à recevoir l'aide du Bien-être social.

Alys Robi, qui s'était produite sur les grandes scènes du monde, qui avait chanté pour les soldats, les mères nécessiteuses, les pauvres, les malades, les hommes d'affaires, les fortunés, les stars d'Hollywood, se retrouvait subitement sans le sou. Elle approchait la cinquantaine et dépendait du chèque mensuel du Bien-être social pour assurer sa subsistance.

Cette pauvre femme ne comprenait plus rien. Avait-elle commis des gaffes, avait-elle perdu ses moyens, son talent? Alys Robi, si fière, libre et si indépendante, avait perdu confiance en ses possibilités. Elle réalisa cependant par la suite qu'elle n'avait pas changé, qu'elle n'avait commis aucun impair, mais que le monde s'était transformé. On marchait sur la Lune dans ces années-là, on présentait un spectacle à Woodstock qui dura plusieurs jours et le *flower power* faisait « triper » la jeunesse sur les plages de la Californie. Tout le monde était beau, gentil, innocent, inoffensif et la jeunesse voulait le monde : « *We want the world and we want it now* » criait Jim Morrisson du groupe américain The Doors.

Si Alys Robi a rêvé durant sa jeunesse, une autre génération a rêvé autant qu'elle. Les jeunes des années 1970 étaient des millions à vouloir changer le monde. Elle était seule. Ils étaient des millions en Amérique à mépriser les biens matériels, à croire que le paradis était sur Terre et à chercher les réponses de leurs questions existentielles en consommant les drogues naturelles ou chimiques. Finalement, ils n'ont pas changé le monde. Elle non plus.

En 1970, les cabarets se faisaient rare, les discothèques se multipliaient et la télévision captivait les gens au foyer. Il n'y avait plus de travail pour les chanteurs et les chanteuses qui n'étaient pas à gogo. On parlait politique au Québec durant les années 1970, sur tous les tons. Parfois tout doucement pour convaincre les gens de la nécessité pour le Québec de quitter la confédération, et parfois en criant fort pour faire peur aux anglophones du reste du Canada et pour se donner du courage.

La révolution n'était plus tranquille en 1970, lors de la crise d'octobre. Les bombes explosaient depuis quelques

213

années dans les boîtes aux lettres de Westmount, un diplomate britannique est enlevé et séquestré, et un ministre du gouvernement québécois meurt.

Alys remplit quelques rares engagements et vivote. Pendant cinq ans, ce sera sa période noire, l'oubli, l'humiliation de vivre aux crochets de la société. Elle qui a toujours défendu son autonomie et sa liberté, ne supporte plus cette dépendance au système du Bien-être social. Elle comprend que d'autres, plus malades, plus fragiles, plus démunis qu'elle, profitent de cette aide gouvernementale ; mais elle peut encore travailler, donner, s'engager et poursuivre sa carrière. Le désert s'installe autour d'elle. On ne lui fait plus de place. Elle n'a plus de raison d'être.

Alors qu'elle semble avoir abandonné la partie, on frappe à sa porte. Un libérateur enfin se présente les bras chargés de victuailles. C'est Johnny Rougeau, le célèbre lutteur, qui s'inquiète de la santé d'Alys en s'imaginant qu'elle est pauvre comme Job et qu'elle n'a rien mangé depuis trois jours. Rougeau avait sûrement lu les journaux qui commentaient la dramatique misère d'Alys Robi. Évidemment, les articles à sensation avaient exagéré le sort de l'artiste : Alys réussissait quand même à survivre. Mais elle apprécia surtout les bonnes intentions du lutteur.

Son père n'était plus de ce monde et un autre lutteur sincère, et auréolé de succès venait prêter secours à celle qui redevenait la petite Alice. Alys avait encore besoin de protection et rien ne la réconfortait davantage que la présence bienveillante d'un homme aussi bon et aussi imposant. Quand Johnny Rougeau devint, peu de temps après, gérant du cabaret le Mocambo, rue Notre-Dame, il engagea aussitôt Alys Robi à des conditions si favorables que celle-ci n'eût bientôt plus besoin de l'aide du Bien-être social.

Rougeau venait de mettre fin à cinq ans d'isolement, d'oubli et de dépit. Alys connut de belles années au Mocambo. Cette fois-ci, je peux en témoigner personnellement puisque tous les samedis soirs, alors que j'attendais l'autobus au terminus Frontenac situé juste en face du Mocambo, je remarquais la longue file de spectateurs à la porte du cabaret. Alys y était souvent en vedette en compagnie d'artistes internationaux. Rougeau avait compris, en cette période difficile que vivaient les gens de cabaret, qu'il lui fallait présenter des attractions spéciales pour survivre. Il avait eu la main heureuse en invitant Chuby Checker, le roi du twist en personne, Fats Domino, Brenda Lee, Bobby Rydell et de nombreuses vedettes américaines qui ont fait salle comble dans ce spacieux cabaret de l'est de la ville. Rougeau est un personnage intéressant que j'aurais aimé connaître. Je me rappelle qu'il fut l'un des collaborateurs de René Lévesque avant de s'impliquer dans le monde du hockey junior à Laval. Mais il fut surtout un lutteur de premier ordre, succédant à Yvon Robert en remportant le titre de champion mondial. Peu avant son décès survenu voilà près de dix ans, Rougeau déclara à ses proches qu'Alys Robi avait été la femme la plus extraordinaire qu'il avait connue.

Celle-ci avait attiré une abondante clientèle au Mocambo et elle profita d'un regain de popularité qui incita les dirigeants de la compagnie de disque RCA Victor à mettre sur le marché un album comportant les plus grands succès de la chanteuse. En effectuant la promotion de cet album, elle renoua avec les médias et les journaux de la province.

La troisième carrière d'Alys Robi se préparait. En faisant la promotion de cette compilation de ses grands succès, elle s'aperçut de l'intérêt que la population manifestait non seulement pour sa musique et ses chansons, mais également pour sa vie. Et il ne s'agissait plus uniquement de ses fans d'une autre époque qui s'accrochaient au passé, il s'agissait maintenant de gens de tous les milieux, de tous les âges qui s'intéressaient au phénomène que représentait à leurs yeux Alys Robi. Alys Robi allait entreprendre ce qui n'avait jamais été fait par un artiste québécois avant elle : elle allait faire carrière de sa vie, si je puis dire, elle allait se livrer, se raconter au public, faire étalage des principales étapes de sa carrière et de sa vie, en espérant faire passer un message de paix et d'espoir pour les gens atteints de maladie mentale.

Elle poursuivit évidemment sa carrière sur scène et continua à se produire dans les cabarets et les salles de spectacle. Les spectateurs, anciens et nouveaux, s'y rendaient pour voir un phénomène, une personnalité hors du commun, rien de moins qu'une légende vivante, autant qu'une grande interprète sur scène. Alys Robi n'avait plus besoin, au milieu des années 1970, de faire des concessions à la mode du jour, de chanter les refrains populaires et de renouveler constamment son répertoire : elle était Alys Robi tout simplement, un cas unique, une histoire fascinante et encore mystérieuse, un mythe qui prenait de l'ampleur avec le temps.

9
LA CARRIÈRE DE LA CARRIÈRE

Pour comprendre l'évolution de la carrière d'Alys Robi durant des années 1970, il faut bien situer le contexte de l'après-Révolution tranquille.

Après avoir tourné le dos au passé durant les années 1960, après avoir voulu couper les ponts avec les générations passées en s'imaginant inventer le monde et la roue, le Québec commence à prendre du recul à la fin des années 1970. Aux beaux rêves des années 1960 succèdent les réalités de la vie quotidienne : crise dans le monde des produits pétroliers, rareté du sucre, inflation... et Nixon à la présidence des États-Unis. Au Québec, le parti Québécois prend le pouvoir en 1976, pour la première fois, et les fédéralistes craignent le pire. Plusieurs anglophones de l'ouest de Montréal déménagent en Ontario.

Alys Robi ne commente pas publiquement la prise de pouvoir par le Parti Québecois. Ainsi que la plupart des artistes de sa génération, elle redoute la politique comme la peste. Question d'intégrité, disait-on à cette époque.

Le Québec dit oui à René Lévesque et au Parti Québécois aux élections de 1976 et non au référendum de 1980. Lorsqu'on parle des contradictions à l'intérieur du nationalisme des gens de la génération de madame Robi, il faudrait faire attention. Bien sûr une évolution a été réalisée mais toujours dans... la contradiction. « Un Québec indépendant dans un Canada fort », disait pertinemment Yvon Deschamps.

Mais au-delà de ces contradictions historiques que les analystes politiques sauront démêler, on retrouve au Québec et ailleurs en Occident, un besoin évident de se réconcilier avec le passé. Et c'est là un phénomène extrêmement intéressant qui s'amorce dans les années 1970 et qui se poursuit avec encore plus de force durant les années 1980.

La nostalgie s'installe d'abord timidement durant les *seventies* alors qu'on fait tourner des anciens succès français et américains à la radio en faisant revivre l'atmosphère des plages et des amours d'enfance. Au milieu des années 1980, on assiste au retour spectaculaire de Charles Trenet, le « père de la chanson française », annonce-t-on fièrement. On a cessé de mystifier la jeunesse et on cherche à retrouver ses racines. Au Québec lors de l'élection du Parti Québécois, on entend comme jamais des groupes folkloriques : Garoulou, Charlebois qui combine le folklore au rock, la Bottine Souriante et chaque occasion est bonne pour saluer et honorer Félix Leclerc ancré dans son Île d'Orléans.

Les valeurs changent, on sent le glissement vers la droite qui paraît plus évident dans les années 1980 alors que le Québec délaisse la poésie pour lorgner du côté du monde des affaires. Charlebois le rebelle se transforme subitement en joueur de golf et ses fans s'inquiètent. « Y a rien là », dit la jeunesse qui porte maintenant les cheveux courts. Charlebois annonce, comme il l'a toujours fait, les couleurs de son pays.

La musique rétro fait recettes dans les années 1970 et 1980, mais elle est essentiellement américaine ou française puisque les Québécois n'ont pas souvenir de succès québé cois reliés à leur enfance. Il y a quelques exceptions bien sûr. Un peu de Félix Leclerc de temps à autres, un air des Three Bars comme *N'oublie j'mais*, ça vous donne un petit coup de nostalgie mais ça ne vaut pas un bon vieux rock d'Elvis ou une chanson des Beatles, ou encore les chansons d'Édith Piaf, de Charles Trenet ou d'Yves Montand. Personne n'a pensé aux Québécois tels que Fernand Robi-doux, Raymond Lévesque ou Jacques Blanchet et c'est fort malheureux. Mais on a finalement découvert l'histoire d'A-lys Robi, et elle a commencé à passionner les Québécois.

Le passé qu'Alys Robi proposait aux Québécois était et demeure fascinant. Alors que les Québécois, confiants à l'égard d'une nouvelle génération d'entrepreneurs, cher-chaient des gagnants parmi les personnages de notre his-toire, ils ont été remués par une conquérante, par une artiste qui l'a faite, elle, la conquête des États-Unis, qui a osé, elle, se mesurer aux stars d'Hollywood. C'est cette pé-riode de la vie d'Alys qui a intrigué les gagnants du Québec des années 1980 et on a découvert que cette jeune inter-prète qui parcourait le monde ressemblait etrangement à un Québec qui multipliait les opérations commerciales avec les autres pays. Bombardier, Cascades, Vidéotron, c'est l'affirmation du Québec à l'étranger, sans complexes, sans gêne et sans culpabilité. On tient un discours expansion-niste chez nous, on parle d'un bassin trop petit pour se maintenir en affaires ou pour évoluer à l'intérieur d'une carrière artistique.

Tout cela ressemble drôlement au cheminement d'une jeune chanteuse de vingt-trois ans qui louait un avion et faisait le tour des grandes capitales et parlait fièrement du Québec à chacune de ses escales. Alys était-elle d'avant-garde dans les années 1940 ? C'est l'évidence même. S'en est-elle aperçue alors, ou après ?

Mais on sait bien que la vie d'Alys ne fut pas que *glamourous* et que les épreuves qu'elle a subies sont au moins à la mesure des bonheurs et des succès qu'elle a vécus. Comme si la vie s'était chargée de lui faire payer chèrement le prix de sa gloire passée. Et c'est là qu'elle rejoint tous les êtres éplorés de la province et Dieu sait qu'ils sont nombreux... Qu'ils soient pauvres, drogués, isolés, trahis, abandonnés, trompés, volés, hospitalisés, oubliés, rejetés, méprisés ; ils se retrouveront quelque part dans la vie d'Alys Robi. Si celle-ci a connu une carrière éblouissante, à la limite de ses possibilités et des possibilités de son époque, elle a vécu — je crois l'avoir souvent démontré — des épreuves insupportables pour un être humain. Imaginez quel témoignage elle peut aujourd'hui proposer à ceux qui s'inspirent de sa vie.

Elle pourrait se contenter de faire étalage d'une série de malheurs qui ont de quoi ébranler les plus endurcis. Cela ne lui suffit pas. Elle prouve par son comportement, par son entêtement, voire son acharnement, qu'on peut surmonter les obstacles, reprendre le contrôle de sa vie et, mieux encore, défendre des causes, réaliser des projets et surtout s'occuper des autres, avec générosité.

À partir des années 1970, Alys Robi multiplie les pèlerinages à travers les étapes de sa vie et les pèlerins sont de plus en plus nombreux à la suivre. Chacun semble y trouver son compte, ramasser en chemin un morceau d'espoir, un souvenir précieux, un message enfoui depuis longtemps, une leçon de vie, une chanson, que sais-je... Ce qui m'intrigue dans cette démarche, dans cette quête du passé ou cette quête de vérité, c'est sa longévité. Alys Robi a réussi pen dant toutes ces années à maintenir un grand intérêt autour de sa personne.

Il fallait que sa carrière fût grande, démesurée, que sa vie fût exceptionnelle pour susciter un tel intérêt pendant aussi longtemps et rien n'indique qu'un tel engouement soit près de s'estomper. La vie d'Alys Robi est un labyrinthe duquel on ne sortira jamais, j'en suis particulièrement conscient à ce stade-ci de mon travail. Parce qu'il y a encore des mystères et des énigmes à résoudre, ce qui rend le personnage encore plus séduisant et plus attachant.

Fascination

Dans les années 1970-1980, le personnage d'Alys Robi prend donc un nouvel élan après la sortie d'un album contenant la compilation des meilleurs succès de sa carrière. Alys Robi ce n'est plus une chanson, un spectacle, une première page d'un journal : c'est une vie à chanter, à raconter et à jouer. Mais elle ne sera plus seule à se défendre, à se justifier, à s'admettre. D'autres artistes d'une nouvelle génération découvriront Alys Robi et panseront de vieilles blessures. Des artistes qui poliront son étoile, qui reprendront ses rêves pour en faire des spectacles, des livres, des films. Les Québécois ont découvert récemment qu'ils avaient, dans leur cour, un personnage de la dimension des Evita Perón, Édith Piaf, Marilyn Monroe et de toutes celles qui ont marqué leur époque. En s'assumant, les Québécois ont assumé leurs stars. Il était temps ! Et si cette star entre toutes, qui devenait pour les autres artistes une véritable source d'inspiration et de courage, laissait libre cours à sa «folie» pour mieux libérer celle des autres, tant mieux! La folie n'a jamais aussi bonne presse que dans les années 1980. Elle fut d'ailleurs anoblie par Diane Dufresne qui en a presque fait un hymne, une marque de commerce.

Mais dans ce premier temps, il fallait mettre de l'ordre dans cette vie qui allait être célébrée, étudiée et médiatisée. Alys Robi, qui se remettait à peine de la vague yé-yé et du *flower power*, songea vaguement à cette époque à entreprendre la rédaction de son autobiographie. Il faut avoir lu tout ce qu'on écrivait sur son compte à l'époque pour comprendre qu'elle éprouvait le besoin de rétablir les faits et de raconter ce qu'avait été sa véritable existence. Avant d'être un mythe, Alys Robi avait été la cible de prédilection des potineurs, des calomniateurs et des marchands de ragots. Ce qu'on ne savait pas, on l'inventait ou on amplifiait des rumeurs. Alys voulut se raconter, s'expliquer et faire partager les pires et les meilleurs moments de sa vie.

Elle faisait état dans les journaux de son projet d'écrire une autobiographie pour la première fois en 1972. On écrivit: «Alys Robi veut devenir écrivain», rien de moins. On raconta même qu'elle s'était inscrite à la Faculté des arts et lettres à l'université afin d'être en mesure de rédiger avec élégance et profondeur.

On avait sûrement oublié l'état d'esprit dans lequel devait être Alys Robi qui repassait par tous les détails de sa vie. En fait, c'était beaucoup plus qu'un livre que préparait Alys Robi, c'est une véritable thérapie qu'elle allait entreprendre de plein gré. Elle mit d'ailleurs de nombreuses années avant de concrétiser ce projet: *Alys Robi, ma carrière et ma vie* ne parut aux éditions Québécor qu'en 1980.

On imagine mal ce que représente la rédaction d'une autobiographie. C'est l'art qui me paraît le plus exigeant en littérature parce qu'il demande autant de rigueur, de recherches, d'exactitudes, de mesure que d'imagination, de sensibilité et de style. Alys dut répondre à toutes ces exigences même s'il s'agissait de sa propre vie. Toute personne évolue et se transforme pendant son existence, et se regarde souvent comme s'il s'agissait de quelqu'un d'autre. La vie d'Alys Robi, on le sait, a été brisée à plusieurs reprises : entreprenant la rédaction de son autobiographie, elle en ramassait les morceaux. L'entreprise fut pénible. Elle dut repasser par les moments les plus douloureux de son existence, revivre le cauchemar de son internement, qu'elle cherchait pourtant désespérément à oublier, et raconter par la suite son humiliant retour à la vie publique. J'ai pu apprécier son travail en consultant fréquemment ce premier livre qu'elle a rédigé sur sa vie. Les faits sont vérifiables et authentiques et madame Robi a écrit ce livre avec sincérité. Ce qu'elle a omis, elle n'était tout simplement pas en mesure de l'écrire.

Elle a rédigé ce livre en retrouvant parfois quelqu'un d'autre, se livrant à de recherches nombreuses et ardues pour resituer les événements de sa ligne de vie. J'imagine facilement les problèmes qu'elle a rencontrés. Dans une province dont la devise est « Je me souviens », il est scandaleux d'avoir si peu de traces de notre passé. Retrouver une coupure d'un périodique ou d'un journal des années 1940 relève parfois de l'exploit. Certaines publications n'ont laissé aucune trace, d'autres ont été heureusement microfilmées et conservées dans quelques bibliothèques. La plupart des éditeurs de journaux accordent bien peu d'importance à leurs archives, réduisant sans cesse le personnel et restreignant l'espace pour les vieilles photos et les anciens documents. Par exemple, je n'ai jamais réussi à trouver un exemplaire d'archives de l'ensemble du Montréal-Matin. Les archives de ce journal auraient disparu!

La rareté des ouvrages concernant le monde du spectacle au Québec est désespérante. Et que dire des biographies? On ne peut parler de biographies officielles. On trouve plutôt des témoignages, souvent de longues confessions complaisantes. Le genre est jeune et commence à se constituer. Qui a raconté Alabane au Québec? Qui a raconté Gratien Gélinas? Jean Gascon? Jean Duceppe? Fred Barry? et tant d'autres personnalités de la province. En Europe, on ne compte plus les biographies d'Édith Piaf, de Sarah Bernhardt, de Jacques Brel et de tous les artistes qui ont laissé des traces. Aux États-Unis, la biographie, autorisée ou non, est pratiquement devenue une industrie en soi. En fait, l'important n'est pas d'évaluer et de juger le travail des biographes, mais de poser la question fondamentale : avons-nous perdu la mémoire au Québec? Il serait peut-être grandement temps de se poser la question avant d'avoir perdu toutes nos traces et de se demander encore une fois : qui est Alabane?

Alys Robi, pour sa part, n'avait pas perdu la mémoire et c'est une vie qu'elle rebâtissait par l'entremise de l'écriture. Si elle fut aidée, certes, dans la rédaction finale de ce livre, c'était tout de même elle qui avait rassemblé les morceaux de sa mémoire et qui avait recherché son passé. Elle reprit le même exercice dix ans plus tard en écrivant un second ouvrage relatant surtout son séjour à l'hôpital dont le titre est assez explicite à ce sujet : *Un long cri dans la nuit*.

Au milieu des années 1970, Alys présenta également assez souvent aux journalistes un vague projet de film concernant les principaux événements de sa vie. Le sujet revint régulièrement sur le tapis et on laissait entendre qu'il fallait y mettre le temps et surtout l'argent, comme c'est toujours le cas lorsqu'il s'agit de cinéma. Dans les années 1980, Daniel Bertolino, cinéaste réputé est venu bien près de réaliser cet ambitieux projet. Auparavant, Claude Fournier avait aussi envisagé un tel projet, mais en vain. On parlait à l'époque d'un budget de plus de six millions de dollars et tous s'accordaient à dire que ce serait un film spectaculaire. Pour des raisons inconnues, le projet mourut de sa belle mort et on n'en entendit plus parler.

Dommage! La vie d'Alys Robi a les couleurs et la dimension d'un grand écran. Il me semble que c'est là un sujet rêvé pour un cinéaste d'envergure. Je me souviens d'en avoir discuté avec Gilles Carle qui me semblait être la personne toute désignée pour faire revivre la magie et les cauchemars d'Alys Robi sur l'écran : le Mexique, Hollywood, l'Angleterre pendant la guerre, le Montréal des années 1940 et 1950 et la pègre, voilà du cinéma sans contraintes, sans frontières. Toutefois, les contraintes budgétaires étouffent bien des projets intéressants.

Luc Plamondon n'avait pas de contraintes budgétaires pour écrire, en moins de 70 lignes, toute la vie de celle qu'il décrivait comme la « première star du Québec ». Plamondon avait réussi avec *Alys en cinémascope,* une chanson de cinq minutes, ce que les plus ardents défenseurs n'étaient jamais parvenus à accomplir en dix ou vingt ans : replacer Alys parmi les étoiles et lui redonner la place qu'elle occupe dans notre histoire. En si peu de mots, il a su réunir l'ascension et la chute d'une star. La première, nous rappelle-t-il.

Plamondon, qui avait parcouru le monde et donné à la francophonie des chansons nouvelles aux accents et aux consonances québécoises, avait reconnu en Alys Robi la grande star dramatiquement oubliée, d'une autre époque. C'est lui qui a permis le lien entre deux générations d'artistes, lorsque Diane Dufresne partagea la scène avec Alys Robi lors des fêtes de la Saint-Jean de 1981.

Il s'agissait du plus grand spectacle de l'année réunissant une centaine de milliers de Québécois pour fêter la Saint-Jean. Lorsque Diane Dufresne chanta *Alys en cinémascope*, on entendit la voix d'un annonceur empruntant le ton des années quarante, qui annonça « Mesdames et messieurs, la voici, Alys Robi ». Habillée majestueusement avec grand chapeau et longue robe blanche, Alys interpréta *Tico Tico* ; elle fût acclamée par une foule euphorique.

« J'ai connu à mon époque la gloire que Diane [Dufresne] connaît maintenant, confiait Alys Robi au journaliste d'*Échos Vedettes* après le spectacle. Nous sommes de la même lignée... Ce qui m'a le plus impressionnée lors de cette soirée, c'était de chanter devant autant de monde. Il y a longtemps que je ne me suis pas donnée sur une scène devant une si grande foule. »

Alys était heureuse et éblouie ce soir-là, alors que Diane Dufresne battit en retraite après le spectacle, terrifiée qu'elle était par des admirateurs qui avaient envahi la scène.

La même année, les gens de cabaret reconnurent l'apport d'Alys Robi dans le domaine du spectacle et instituèrent les trophées « Alys », remis annuellement aux meilleurs artistes de cabaret. Si l'industrie du disque avait ses

« Félix », les gens de cabaret avaient maintenant leurs « Alys ».

Pendant tout ce temps, Alys préparait un nouveau projet. Elle ne ratait jamais les occasions que lui offraient les médias de défendre l'idée d'une fondation des « Amis d'Alys Robi » — qui devint officiellement « La fondation Alys Robi » — dont le but était d'abriter et d'aider les gens atteints de maladie mentale. Alys songeait à un refuge, une maison qui favoriserait la réinsertion sociale des malades et qui permettrait à des gens encore fragiles de vivre plus harmonieusement leur retour à la société. Elle voulut en quelque sorte fournir à des malades mentaux en voie de guérison l'aide qu'elle n'avait jamais reçue en sortant de l'hôpital Saint-Michel-Archange de Québec.

Une autre preuve que la grande famille du show-business ne l'a pas oubliée, lui fut donnée en 1984 alors que le comédien et producteur Daniel Matte fit revivre « Les nuits de Montréal » au Club Soda, situé sur l'avenue du Parc à Montréal. Le Club Soda a connu ses heures de gloire durant les années 1980, alors que Serge Thériault et Claude Meunier faisaient connaître à la population le duo le plus cloche en ville : Ding et Dong. On présenta aux « Lundis des ha ! ha ! », animés par Ding et Dong une nouvelle génération d'humoristes qui allaient faire rire par la suite tout le Québec. D'André-Philippe Gagnon jusqu'à Michel Barrette, ils ont tous été découverts aux « Lundis des ha ! ha ! ». De nombreux interprètes de la chanson ont également présenté leur spectacle au Club Soda, qui avait réussi à faire revivre l'atmosphère des cabarets devant une nouvelle génération de spectateurs. Louise Portal, Pauline Julien, Marie-Claire Séguin étaient en évidence au Club Soda durant ces années et « Les nuits de Montréal »

renouaient avec le passé à l'intérieur d'un cabaret des années 1980.

Daniel Matte avait invité les plus grandes personnalités
du monde artistique d'une autre époque qui se succédèrent sur la scène du Club Soda. C'est ainsi qu'on revit Jean
Guilda, Rina Ketty, Pierre Roche, Clairette et Alys Robi, qui
faisaient revivre « Les nuits de Montréal » à l'intérieur d'un
concept rétro imaginé par Matte et ses associés.

L'atmosphère de cette salle archicomble de quatre
cents places était particulièrement survoltée avant la présentation du spectacle de madame Robi. Gilles Vigneault,
Jacques Normand, Gilles Pelletier, Monique Leyrac, Paul
Berval, Luc Plamondon étaient parmi les invités de marque
installés aux tables autour de la scène et on avait l'impression de revivre les belles années du Faisan Doré, autant
dans la salle que sur la scène. Le spectacle d'Alys Robi fut
magique, l'illusion était presque parfaite. Comme si Montréal avait 40 ans de moins. Alys chanta ses grands succès,
Amore, Judas et *Tico Tico* salué par un tonnerre d'applaudissements. Les vieux et les nouveaux fans se mêlaient pour
célébrer une star qu'ils retrouvaient. La soirée fut chargée
d'émotions jusqu'à la fin et Gilles Vigneault ne put s'empêcher de dire, après le spectacle : « Vous savez, c'est elle qui
m'a donné le goût de faire ce métier ».

« Alys triomphe au Club Soda », ai-je écrit dans l'édition de *La Presse* du lendemain et ce triomphe se répéta le
soir suivant et à quelques reprises par la suite. On rendit
également hommage à d'autres artistes pendant cette série
de spectacles ; mais il y avait quelque chose de spécial
autour d'Alys. Dans les années 1940, c'était elle, la reine des
cabarets. Subitement on s'en souvenait. La mémoire du
Québec, longtemps endormie, se réveillait enfin ! De plus,

on se souvenait de son implication sociale et de son altruisme ; c'est ainsi qu'en 1985, Alys Robi fut reçue, lors d'un grand banquet tenu au Lac Beauport, de l'ordre de Malte et de Jérusalem. C'est le prince britannique Roy de Sea-Land qui présida la cérémonie et qui fit d'Alys Robi une « Lady » en toute légitimité pour le reste de sa vie. La comédienne Shirley Temple, qui avait tellement influencé la carrière de la petite Alice à Québec, fut reçue du même ordre dans les années 1980 et porte aujourd'hui le titre de Lady Shirley Temple.

Peu après ce spectacle, Alys Robi voyait l'un de ses projets se concrétiser : on l'accueillait dans son « Chez-nous des artistes » lors de l'inauguration de cette résidence pour artistes retraités en 1985. Un vaste immeuble avait été érigé dans le quartier du Nouveau Rosemont, sur un grand terrain bordé d'arbres, à l'angle des rues Beaubien et Langelier. Alys avait gagné son pari après trente ans de démarches et de consultations répétées auprès des différents paliers de gouvernement. Elle s'installa dans l'un des appartements de cette nouvelle résidence et retrouva de vieux camarades dont madame Rose Ouellete. Le sort a voulu que madame Robi quitte cet établissement à la suite de conflits avec certains résidents alors que j'entreprenais l'écriture de ce livre. Triste départ d'une femme qui avait tout de même été à l'origine de la construction du plus chaleureux refuge des artistes. Le comédien Michel Forget a commenté avec le plus de réalisme ce départ : « Qu'est-ce que vous voulez ? Les artistes ne sont pas faits pour s'entendre ! » D'ailleurs, ce n'est pas une histoire nouvelle ; en France, des problèmes semblables ont été signalés dans une maison de retraite pour artistes. Comme si chacun voulait, même après avoir abandonné sa carrière, reprendre la tête d'affiche, monopoliser toute l'attention, en écartant les autres sur son chemin. Je ne sais pas qui a écarté qui dans cette histoire, mais Alys Robi m'a depuis répété : « Je défends mes droits et j'exige qu'on me respecte mais chaque fois que je sens la violence, je préfère quitter ». Alys a habité le « Chez-nous des artistes » pendant neuf ans et, lorsqu'elle a quitté l'établissement l'été dernier, on lui a versé une compensation monétaire importante.

À la fin des années 1980, c'est le théâtre qui s'intéresse à Alys Robi. Le comédien et dramaturge Simon Fortin — qui devait écrire quelques années plus tard, *Un pays dans la gorge* qui nous a permis de découvrir Emma Albani, la plus grande cantatrice du Québec — est fasciné à son tour par l'histoire d'Alys. Après une première production menée dans le cadre d'une création collective, il se livre à des recherches plus approfondies, recueille des témoignages et demande l'aide de la comédienne Guylaine Tremblay. Le nouveau spectacle intitulé d'abord *De tout cœur, Alys* est créé au Conservatoire d'Art dramatique de Québec, avant de connaître une nouvelle production au Théâtre de la Bordée avec de nouveaux comédiens sous le titre *Souriez Mlle Robi* au Théâtre du Bois de Coulonges ; elle sera présentée par la suite au Théâtre de l'Île à Hull. La distribution comprend une vingtaine de comédiens et présente six Alys interprétées par autant de comédiennes à différentes époques de sa vie. Selon Gilles Provost, le directeur du Théâtre de l'Île, c'est la production la plus ambitieuse jamais présentée à cet endroit. À Hull comme à Québec, Alys Robi assiste à la première ; à Hull, la pièce regroupe une équipe de 50 personnes sur scène et dans les coulisses, et elle raconte la première star du Québec en plus de faire revivre les succès d'Alys et de faire entendre des chansons originales de Robert Chapman.

La pièce est bien accueillie par la critique et le public. On peut lire dans le programme de la soirée un mot des auteurs, Simon Fortin et Guylaine Tremblay, qui illustre fort bien comment une nouvelle génération d'artistes percevait Alys Robi : « Ce qui nous a surtout attirés au début, c'est Alys la star, l'étoile, celle qui éclaboussait de lumière le Québec tout entier ! Puis, peu à peu, Alys Robi a fait place à Alice Robitaille, cette petite fille déterminée qui avait rangé tous ses jouets au grenier pour devenir chanteuse. À l'époque où la devise des Canadiens français était « On est nés pour un petit pain », cette femme s'est battue pour prendre part aux plus grands festins et cela sans jamais renier ses origines, au contraire ! Et elle a réussi notre fière Alys ! Elle a réussi malgré sa descente aux enfers, période d'ombre, d'intolérance et de bêtise... Cette femme a repris la route écartant toutes les embûches, à force de courage. Et aujourd'hui quand je vois cette grande artiste chanter encore et toujours avec le même feu, je ne peux m'empêcher de penser à la petite Alice, celle qui nous a montré à tous le chemin. »

La pièce a soulevé des émotions partout où elle a été présentée. Dans la salle, encore une fois, les générations se mêlaient en se rejoignant autour d'un mythe. Un mythe qui prenait de l'ampleur avec les années. Au fur et à mesure qu'Alys se racontait ou laissait à d'autres le soin de raconter sa vie, de nouvelles questions surgissaient. Pourquoi l'avait-on internée ? Pourquoi l'avait-on oubliée ? Comment était la société de cette époque ? Qui était cette petite Alice qui ne savait pas jouer ? Pourquoi tant de malheurs dans une vie ? Comment expliquer à la fois ce courage de vivre et cette résignation dans la douleur des années d'internement ?

Même devant les froides caméras de télévision, Alys a su émouvoir l'auditoire. Elle a manifestement bouleversé l'animateur pourtant coriace, Jean-Luc Mongrain, lors de son émission «Mongrain de sel» en s'adressant directement à la caméra et en demandant un peu plus de compréhension pour les malades mentaux.

Elle s'est également attiré le respect et l'amitié de Jean-Pierre Coallier, l'animateur d'«Ad Lib», le *talk-show* le plus écouté de la province, qui l'invite régulièrement à son émission. Un jour, parmi les invités de Coallier, on retrouve Alys et Alain Morisod, le leader du groupe Sweet People. Celui-ci, qui ne la connaissait pas, est si vivement impressionné en entendant Alys raconter sa vie qu'il lui promet une chanson. Il écrit en peu de temps, sous le coup de l'émotion *Laissez-moi encore chanter*. C'est la chanson du renouveau, sa chanson fétiche, son porte-bonheur et encore une fois, une vie en peu de mots.

Alys Robi a provoqué de fortes émotions à tous ceux qui la découvraient durant les années 1980. Chaque fois, elle conviait les gens à un voyage dans le temps, un voyage parmi les étoiles et un voyage dans le monde interdit des cachots d'hôpitaux. Alys Robi propose constamment le ciel et l'enfer par sa présence, par ses témoignages et par sa musique.

En octobre 1992, c'est elle qui vivra les plus fortes émotions. C'est elle qui devra conjuguer le présent avec le passé en se rendant au Centre Robert-Giffard, anciennement l'hôpital psychiatrique Saint-Michel-Archange.

En 1952, Alys avait juré de ne plus jamais remettre les pieds dans cet établissement, après y avoir vécu la pire détresse de sa vie. Elle hésita d'ailleurs longuement avant de briser sa promesse lorsqu'on lui demanda de chanter dans l'ancienne chapelle de Saint-Michel-Archange et elle prit quelques jours de réflexions. Elle accepta finalement de s'y rendre afin de donner espoir aux usagers du Centre Robert-Giffard et de se libérer des horribles images qui la poursuivaient encore. Elle n'avait pas beaucoup dormi durant la semaine qui précédait la présentation de ce spectacle. L'épreuve était de taille : Alys n'avait pas revu l'hôpital de ses malheurs depuis 40 ans et, lorsqu'elle se présenta devant le Centre Robert-Giffard, elle n'eut pas le courage de franchir la porte. Elle demanda à être accompagnée par une amie et par le directeur général du centre.

Arrivée à la salle Marie-Renouard, l'ancienne chapelle de l'hôpital, Alys fut saluée par une salve d'applaudissements : les patients recevaient leur reine. L'accueil que firent les usagers à la chanteuse et la chaleur exceptionnelle de ce spectacle incitèrent le journaliste Pierre O. Nadeau à écrire qu'il s'agissait du « spectacle le plus authentique de l'année ». Plus de trois cents usagers partageaient les émotions très vives d'une femme qui avait eu le courage de retrouver les lieux où sa carrière, sa vie, ses rêves s'étaient écroulés quarante ans plus tôt. Alys avait choisi d'interpréter des chansons connues comme *Ma mère chantait* ou *Rêver* de Jacques Brel et elle se rendit auprès des patients pour leur permettre de chanter avec elle et de faire une fête de cette rencontre. Elle interpréta aussi ses succès de toujours et termina par des cantiques de Noël. Afin de ne pas laisser les patients dans la tristesse, Alice décida, comme il lui arrive souvent maintenant, de raconter des histoires drôles. Et elle commença par « une histoire de fous » qui eut, semble-t-il, beaucoup de succès.

Elle raconta au journaliste après le spectacle : « Je suis encore très émue, j'ai le cœur dans le gosier. Vous savez, ces malades-là, ce sont mes frères et mes sœurs : c'est ma famille... Heureusement les conditions se sont améliorées, les gens peuvent vivre et respirer, ce qui n'était pas le cas à mon époque ».

On profita également de la visite d'Alys Robi au Centre Robert-Giffard pour recueillir son témoignage particulièrement émouvant dans le cadre du film documentaire *L'Espoir violent* produit par l'ONF.

Après cette expérience aussi éprouvante que nécessaire, tant pour Alys que pour des malades comblés par sa présence, Alys se retrouva à nouveau sur la scène du Vieux-Munich alors qu'on célébrait ses 65 ans de vie artistique. Le spectacle était animé par Michèle Richard ; Alain Morisod accompagnait la chanteuse de soixante-dix ans qui semblait déborder d'énergie... comme si la vie ne devait jamais s'arrêter pour elle.

Soixante-cinq ans de carrière ! Soixante-cinq ans malgré les trop belles années de gloire, malgré les trop horribles années d'hospitalisation, malgré les trop longues années d'incompréhension, de calomnies, parfois de mépris, malgré les trop longues années de yé-yé et d'oublis. La vie d'Alys Robi est une longue succession de « trop de... ».

Allait-elle faire relâche après ses soixante-cinq ans de carrière ? Se faire plus rare, plus discrète, plus parcimonieuse ? Absolument pas ! Elle accepte ainsi de collaborer à la réalisation d'une prestigieuse série télévisée écrite par Denise Filiatrault qui raconte les années glorieuses de sa vie. Du même souffle, elle accepte de m'accompagner dans l'écriture de cette biographie, qui est aussi un long reportage au bout de la nuit, dont j'avais rêvé depuis si long-temps. Il n'est sûrement pas aventureux de prétendre que jamais un artiste québécois ne fut autant raconté, joué, chanté sur scène ou sur écran. À 71 ans maintenant, elle essouffle encore son entourage et elle n'abandonne aucun projet.

Récemment, elle s'inquiétait de «La fondation Alys Robi» qui a pour but de venir en aide aux gens atteints de maladie mentale. Même si elle a obtenu une charte pour la création de cette fondation, il y a cinq ans, cette fondation bien modeste n'a pas l'ampleur et le rayonnement qu'elle aurait souhaités. Elle avait déjà imaginé un centre pour accueillir des malades en voie de guérison mais l'entreprise est si modeste qu'elle ne peut même pas bénéficier d'un bureau. On ne lui a pas encore accordé un numéro de charité qui permettrait aux donateurs de profiter d'avantages fiscaux et la publicité se fait rare pour «La fondation Alys Robi» à une époque où le sida mobilise toute notre attention. Évidemment le sida demeure un grand fléau contemporain, mais Alys ne peut pas oublier les gens atteints de maladie mentale. Pour eux, elle luttera jusqu'au bout, jusqu'à son dernier souffle d'énergie.

*

La vraie solitude

Il est aussi étourdissant de s'adresser à Alys Robi que de raconter sa vie. Ses souvenirs sont tout aussi abondants que ses projets. Elle semble ne vouloir jamais s'arrêter, ne jamais lâcher prise et s'obstine à mener à terme tous ses projets, aussi désespérés ou irréalisables qu'ils puissent sembler.

C'est au présent que je raconte maintenant Alys Robi qui s'impose à son âge comme une force de la nature. « J'ai toujours été active et je tiens ça de mon père, me disait-elle. À la maison, ma mère remettait à mon père la liste des choses à réparer et, deux heures plus tard, le travail était terminé. Et pourtant, mon père a toujours travaillé à deux ou trois places à la fois. Je suis faite comme lui, mais souvent je suis fatiguée. Si vous saviez comme je suis fatiguée ! Mes jambes me font mal, j'ai de la difficulté à marcher et je dois répondre encore et encore à des questions sur ma vie, à vous et à d'autres. Mais allez-y, je sais que c'est difficile pour vous aussi... »

Ce jour-là, le masque est tombé.

« Vous savez, il y a deux personnes en moi : Alice Robitaille et Alys Robi. Ces deux personnes sont aussi fortes l'une que l'autre et parfois, la bataille qu'elles se livrent en moi est insupportable.

J'aime ma carrière, c'est ma raison de vivre, mais on n'épouse pas une carrière. Je ne peux pas inviter ma carrière à souper ou à coucher dans mon lit. J'aurais tellement aimé me retrouver dans une petite maison avec des enfants autour de moi, un mari, des fleurs, un jardin. J'ai souvent pensé à me faire construire une maison. Je possède un terrain depuis longtemps, mais on ne se fait pas construire une maison pour vivre seule. Je sais. J'ai un frère, des sœurs, ils ont des enfants ; moi je n'en ai pas, je me sens comme à l'extérieur de tout. Les enfants, vous savez, ça donne bien du trouble, c'est entendu, mais ça vaut mieux que de ne pas en avoir, je vous jure. C'est pour ça que j'aime tant les animaux : il ne faut pas leur faire de mal en ma présence. »

Je me souviens, ce jour-là, le temps était magnifique et c'était dimanche. Les familles se retrouvaient joyeusement et préparaient le souper. Pendant ce temps, Alys répétait la chanson *Mes blues ne passent plus dans la porte*, qu'elle devait interpréter à la télévision le lendemain. Personne ne l'avait invitée à souper.

« La solitude, me dit-elle, c'est deux fois pire pour un artiste. Être tellement aimée, choyée, entourée, vivre de si fortes émotions sur scène et se retrouver subitement seule dans son salon, c'est épouvantable.

— Vous devriez écrire dans ce livre qu'on ne devrait pas abandonner les personnes âgées qui sont seules dans les hospices. Il faudrait les visiter, s'occuper d'eux. Moi, je ne refuse jamais une invitation à chanter pour les personnes âgées. C'est le plus beau public. Il faut le dire, il faut l'écrire.

— Je vous le promets, Madame, ce sera mon dernier chapitre avec vous.

Ce fut l'une des dernières rencontres avec Alys pour la préparation de ce livre. Ce jour-là, elle m'avait ému. Qui est-elle ? Qui était-ce ? Alys Robi ou Alice Robitaille ? C'était peut-être la clef du livre qu'elle me donnait. Et ce jour-là, c'est Alice Robitaille qui avait pris toute la place. Alice Robitaille n'est pas *glamour*, ne s'affiche pas, ne domine rien ni personne. Elle cherche encore une petite maison tranquille et des enfants autour de la table. C'est une femme seule qu'on a abandonnée. Alice Robitaille a aimé Olivier Guimond, Alys Robi a aimé Lucio Agostini. Alys

Robi ne pense qu'à elle et à sa carrière, Alice Robitaille ne pense qu'aux autres. Elle est seule mais se préoccupe surtout de la solitude des autres, de ceux qui vieillissent plus mal qu'elle.

Elle a bien raison, Alice Robitaille. Et je dirai à Alys Robi qu'en Europe, on ne sert pas de lait dans les bistrots, d'accord, qu'on n'est pas toujours poli avec les clients, d'accord, que les toilettes sont infectes, d'accord, mais là-bas, en France et surtout en Italie, on garde les personnes âgées à la maison, on les consulte, on les respecte pour tout ce qu'ils ont donné dans leur vie. On s'en occupe, ils font partie, toujours, des familles.

L'Amérique ne s'est pas encore départie du mythe de la jeunesse et c'est un phénomène qui devient inquiétant lorsqu'on vieillit. Nous serons tous vieux un jour, et il faudra bien nous résoudre à nous retrouver fatalement parmi cette minorité que constituent les personnes âgées. Une minorité comme celles des malades mentaux, des gays, des noirs, des handicapés, des autochtones... et peut-être comprendrons-nous alors l'humiliante situation de ceux qui subissent les préjugés des groupes qui forment ce qu'on désigne sous le nom de majorité.

Les enfants d'Alys

Alys Robi n'eut jamais d'enfants et ce fut l'une des grandes frustrations de sa vie. En ouvrant les portes du monde, elle allait pourtant donner naissance à la carrière de nombreux artistes d'une autre génération. Combien d'entre eux ont raconté qu'ils avaient choisi leur métier en s'inspirant du merveilleux voyage qu'Alys avait entrepris au pays des étoiles. On ne connaissait pas encore les pays dont elle parlait dans les journaux et à la radio, mais on les imaginait et on rêvait aussi d'aller au bout du monde. C'était possible, le chemin était ouvert, la magie pouvait être canadienne-française et québécoise.

Plusieurs jeunes artistes ont cru à ce rêve et Denise Filiatrault fut peut-être la plus proche, la plus enthousiaste des filles d'Alys Robi. Elle lui écrivit une longue lettre en 1947 alors qu'Alys habitait à New York. En lui faisant parvenir une réponse par le courrier, qui incluait sa photo, Alys scella avec elle une très longue union, une filiation qui demeure. Denise Filiatrault entreprit une carrière de chanteuse inspirée par les spectacles éblouissants d'Alys Robi. Elle aussi voulut aller rejoindre les étoiles, aller visiter les pays et connaître les sensations fortes qu'on ne peut éprouver que sur la scène.

Si elle a bifurqué vers la comédie puis s'est dirigée vers la mise en scène dans les plus grands théâtres du Québec, elle a gardé la magie qu'elle portait en elle et a illuminé de grands spectacles présentés à Montréal depuis une dizaine d'années. Il devait bien y avoir dans toutes ses entreprises une part des rêves légués par Alys ainsi qu'une passion pas toujours facile à vivre.

Diane Dufresne a chanté *Alys en cinémascope* et on a rapidement établi le lien entre ces deux interprètes qui ont marqué leur temps. En chantant *Le parc Belmont*, Diane Dufresne désamorçait la dite « folie » d'Alys, elle en faisait une fête, un *happening*, un exécutoire, comme si elle voulait libérer une chanteuse trop longtemps enfermée dans une cage d'idées reçues. Diane Dufresne a exulté la folie qui se cachait à l'intérieur de chacun de nous. Elle a convié la population à s'habiller de rose, à se maquiller, à se déguiser, à jouer tous nos personnages lors de mémorables spectacles au Forum et au cours du spectacle *Magie Rose* présenté au Stade Olympique. Une démesure qui ressemblait à celle d'Alys. Diane ne s'est jamais réclamée d'Alys mais les liens étaient trop évidents pour ne pas voir l'élan de 1944 se prolonger jusqu'au Forum dans les années 1980, lors du spectacle Halloween-Hollywood. Jamais la parenté ne fut aussi manifeste. Lorsqu'on retrouve, à la fête de la Saint-Jean en 1981, Alys et Diane réunies dans un même spectacle, c'est comme si on avait recollé les morceaux d'un portrait de famille déchiré.

En novembre 1992, Alys Robi participe à la réouverture du Théâtre Capitol à Québec alors qu'on présente les plus grands noms du spectacle du Québec au cours d'un mémorable gala. Alys fut « la plus ovationnée » écrivit-on dans les journaux artistiques, et c'est sa famille qu'on semblait voir sur scène : Guy Cloutier, Julie Masse, Robert Charlebois, Rémi Girard, René Martel, Francis Martin ainsi qu'une artiste qu'Alys surveillait particulièrement : Céline Dion.

Alys regarde cette nouvelle star internationale s'envoler à bord de tous les avions du monde et elle se souvient de toutes les audaces, de toutes les certitudes et de toutes les imprudences de sa jeunesse et elle s'inquiète comme une mère. Céline est allée au pays des étoiles et elle y retourne ; Céline, c'est la petite Alice qui reste attachée à la famille. Céline c'est la petite Alice qui fut vedette dès son enfance et qui a oublié son adolescence quelque part dans ses valises. Céline, c'est aussi l'Amérique en français et en anglais.

Mais cette enfant fut plus choyée, mieux entourée, mieux protégée que la petite Alice qui devait faire son chemin toute seule dans une province refermée sur elle-même. Parfois, Alys regarde l'autre petite Alice des temps nouveaux et se demande ce qu'aurait été sa carrière soutenue et défendue par des gérants expérimentés, des moyens de communications plus faciles, des téléphones cellulaires, des télécopieurs, des spectacles télé en couleurs retransmis par satellites. Elle regarde Céline et retrouve la petite Alice laborieuse, studieuse, emportée par la passion du métier et je ne sais pas si c'est l'envie ou l'inquiétude qui l'emporte. Alys connaît le prix qu'il faut payer pour aller vivre au pays des étoiles.

D'autres artistes ont été influencés, consciemment ou inconsciemment, par la carrière et la vie d'Alys Robi. Gilles Vigneault, on l'a dit plus haut, disait qu'elle lui avait donné le goût de faire ce métier. Louise Portal s'est identifiée à Alys Robi au point d'admettre qu'elle rêvait de jouer son personnage un jour au petit ou au grand écran.

Ils sont nombreux à vouloir suivre le chemin tracé il y a cinquante ans et à vouloir vivre pleinement leur vie. Ils sont nombreux, Madame Robi, à tenter de décrocher l'impossible Lune, à vivre l'impossible rêve en épinglant fièrement à leur corsage une fleur d'Alys. Voilà votre famille, Madame. Vous pouvez en être fière !

10
LA TENTATION DE L'IMPOSSIBLE

J'arrive au terme de cette biographie-reportage avec la satisfaction de m'être mesuré à l'impossible en rédigeant ce premier ouvrage. Raconter la formation d'un mythe relève toujours du défi et, lorsque celui-ci est associé à l'évolution d'un peuple en devenir, je ne sais pas s'il faut parler de naïveté, d'inconscience ou d'exploit. Je ne crois pas avoir réussi d'exploit, ce qui n'était d'ailleurs pas le but de cette entreprise et j'aime à penser qu'on a réussi de fort belles choses par naïveté. Il en fallait sûrement une bonne dose pour croire que j'allais raconter tout d'Alys Robi en entreprenant le récit — et le roman — de sa vie. J'ai perdu bien des illusions sur l'élaboration d'un ouvrage biographique en cours de route. En racontant les autres, on se découvre et on mesure ses limites. Il y a les miennes évidemment, mais il y a celles des autres qui se compromettent en rédigeant de tels ouvrages. Je comprends maintenant qu'une biographie ne suffit plus : il en faudrait mille pour raconter avec honnêteté et rigueur la vie d'un être humain. Parce qu'il y a mille façons de percevoir quelqu'un. Parce qu'il y a mille manières d'aborder et d'entretenir une relation avec un personnage à définir.

C'est l'être humain qui sort gagnant de l'expérience que j'ai vécu en retrouvant les grandes lignes de la vie d'Alys Robi. L'être humain si complexe, si fuyant, si peu logique dans ses manifestations qu'on ne pourra jamais le prévoir, le raconter, le juger, l'évaluer, même avec les plus séduisantes grilles d'analyse. De là, toute la fascination pour l'entreprise : se mesurer à l'impossible et tout de même s'en approcher, en sentir les contours, en reconnaître le visage. Je me suis approché d'une femme qui a pris beaucoup de place dans l'imaginaire des Québécois.

Une femme pourtant méconnue, énigmatique, qui se plaît à séduire et à confondre son entourage. Alys Robi a très vite appris à considérer la vie comme une vaste scène où elle était et demeure constamment en représentation. Aucune coupure, dans son cas, entre la vie et le spectacle. La vie n'est qu'un spectacle où elle doit «performer» constamment. Son père Napoléon redoutait tellement qu'elle fasse fausse route, qu'elle s'écarte de ce qu'il croyait être le destin de sa petite fille.

Dans un salon, un bar ou ailleurs, Alys monopolise l'attention. Elle s'occupe de chacun de ses interlocuteurs, évalue rapidement ses forces, ses faiblesses et ses intérêts et établit des liens rapidement. Il ne faut pas que l'attention d'une seule personne lui échappe. Elle parle, raconte, s'émeut, soulève la vague des émotions et des souvenirs et, subitement, elle retombe dans la banalité, la comédie, le quotidien. Comme un véritable récital de chansons avec le *crescendo* suivi de glissades et d'amusements. Et puis, elle reprend, s'impose à son auditoire et s'ajuste au rythme nécessaire du moment. Alys Robi sera ce que vous voulez qu'elle soit pour autant qu'elle demeure sur scène, sous les projecteurs.

C'est ainsi que j'ai connu Alys lors de nos premières rencontres. Elle persistait à donner son spectacle alors que je voulais aller en coulisses. Il m'a fallu du temps. Beaucoup de temps pour installer la confiance. Alys est une femme méfiante, apeurée qui cache ses véritables angoisses. Elle peut vous faire tous les numéros possibles pour camoufler ses peurs, même celui de la folie.

Nous y voilà ! J'ai très peu utilisé ce mot en racontant son internement à l'hôpital Saint-Michel-Archange en le reprenant beaucoup plus facilement pour décrire les spectacles de Diane Dufresne, à qui ce mot, cette image, cette évocation appartiennent. La folie est davantage reconnue comme un art qu'une maladie de nos jours. On parle maintenant de la «folie» des Années folles, de la «folie» qui inspire, d'un monde fou, des folles à lier, des folles nuits ; on se réclame même de la folie, d'une autre folie. Mais qu'est-ce que le mot signifie maintenant ? Je ne sais plus. La schizophrénie alors ? Lorsqu'on parle de dépersonnalisation dans le milieu artistique, le champ est vaste et les sujets sont nombreux.

J'ai utilisé le mot « blessure » qui évoque en moi un grand mal de vivre, une souffrance insupportable qui abîme le cœur et l'âme, parfois à jamais.

Raconter la souffrance d'Alys Robi, c'est pénétrer dans le labyrinthe que fut sa vie et nager souvent en plein mystère. Raconter Alys fut une entreprise exaltante mais dangereuse qui a menacé mon propre équilibre. J'ai souvent perdu le peu de latin que j'ai appris en reprenant le chemin de sa vie. Pendant des semaines je me suis demandé comment pouvait-on échouer si cruellement en étant si près du sommet ? Comment la société pouvait briser ainsi une vie ? Ce n'était tout de même pas la préhistoire, les années 1940. Il faut croire que ce l'était dans l'aile psychiatrique de Saint-Michel-Archange.

Si relier cette « blessure » à la société québécoise des années 1930 et 1940 me semblait possible, il fallait d'abord saisir le véritable contexte de l'époque. D'abord la misère économique, ensuite la religion punitive de l'époque qui n'admettait ni la sociologie, ni la psychanalyse de Freud, qui rejetait toutes les théories nouvelles et qui expliquait finalement tous les phénomènes de ce monde par les saints Évangiles.

Il fallait également retracer les méthodes d'éducation, l'importance de la famille et le rôle du père. On sait que Napoléon a joué un rôle important dans la vie d'Alys et j'ai cherché souvent à mieux le connaître sans y parvenir véritablement. Un être énigmatique qu'Alys cherche encore à protéger. Je n'ai jamais cherché à porter ombrage à sa mémoire mais à le comprendre. Cet homme ne s'est jamais expliqué de sa vie et pourtant, quel promoteur il fut. Il a sûrement trop exigé de sa petite fille, mais je pense qu'il n'a surtout jamais compris qu'Alys devint, très jeune et peut être trop tôt, une femme. En la propulsant dans le monde du spectacle en très bas âge, il a malgré lui provoqué une maturation accélérée, et ce n'est plus une petite fille mais une femme qui, à douze ans, quitte Québec seule pour se rendre à Montréal.

La pauvreté a également marqué la jeune Alice qui, avant de porter le Québec sur son dos (du moins l'imaginait-elle), tenait sur ses jeunes épaules le sort de son frère paralysé. Alice n'était pas la vedette de la maison familiale : c'était Gérard, le petit saint de la famille, qui monopolisait l'attention. Alice adorait ce petit frère et son instinct maternel la poussait à gagner beaucoup de sous pour payer les soins médicaux ou du moins subvenir à ses besoins. Alys n'a jamais voulu admettre qu'elle a grandement aidé sa famille.

Elle qui se manifeste souvent avec ostentation fut toujours discrète à propos de sa générosité. Elle n'a jamais voulu laisser entrevoir qu'elle pût être exploitée par son père. Ce qui n'était sûrement pas le cas quand on sait que cet homme a travaillé comme un forcené toute sa vie en cumulant les travaux à droite et à gauche pour subvenir aux besoins de sa famille. Alys a sûrement contribué à la caisse familiale ; il faut savoir que c'était courant alors et que, dans un contexte de misère, une carrière dans le monde du spectacle était à la limite du bon sens et de l'entendement général. C'était la période où tout le monde était né pour un petit pain et Alice ne mangeait pas de ce pain-là.

La période de l'enfance me fut difficile à déchiffrer. J'aurais aimé raconter les lutteurs des années 1930 quand Alice chantait accompagnée de son père. J'aurais aimé connaître un pompier, un seul de cette époque, mais je n'ai vu personne de cette génération quand je me suis rendu à la caserne de pompier de la paroisse Saint-Sauveur à Québec. C'est une toute petite caserne où personne n'avait entendu parler de Polo Robitaille. Je me souviens avoir cherché la maison de la famille Robitaille. Tout avait changé dans ce quartier, même les adresses, et je ne retrouvais qu'une partie de l'atmosphère de la basse-ville des années 1930. Un quartier modeste mais propre, chaleureux, qui fait penser à une vieille banlieue.

Par la suite, j'ai rencontré madame Rose Ouelette qui, à 92 ans, a bu la bière rousse qu'elle annonce et a fumé quelques cigarettes pendant l'entrevue, et qui m'a raconté, en fouillant parfois péniblement dans ses souvenirs, l'arrivée de la petite Alice à Montréal. Une conversation charmante, sympathique, qui m'a aidé dans la rédaction de cette partie de la vie d'Alys Robi. Mais j'ai surtout été intrigué par cette affirmation de madame Ouellette qui disait d'Alys qu'elle était une grande amoureuse qui « n'avait jamais été la même après sa rupture avec Lucio Agostini. « Ça l'a rendue "folle" », disait-elle. Si madame Ouelette ne se souvenait pas toujours avec exactitude des dates, elle connaissait bien les sentiments d'Alys.

Mais il fallait d'abord vivre la période glorieuse d'Alys Robi et tenter de retrouver la magie des années quarante. Quel fouillis ! Je n'arrivais pas à tout compiler les engagements, les voyages, les émissions de radio à Montréal, à Toronto, à New York. Comment a-t-elle pu maintenir ce rythme de vie ? Quelle énergie, quelle rage l'animait ? Sûrement l'énergie de l'ambition, et beaucoup d'amour aussi. Il y eut d'abord sa liaison avec Olivier Guimond, mais j'ai toujours pensé que Lucio Agostini avait été véritablement l'homme de sa vie, même s'il lui était difficile d'admettre qu'il était plus important qu'Olivier Guimond. Guimond a été le comique le plus populaire et le plus aimé de sa génération et Alys Robi sait, mieux que personne, qu'il ne faut pas toucher aux idoles. Elle finira par admettre que la vie quotidienne avec Olivier n'était pas toujours rose, et qu'il n'y avait plus d'espoir de vie commune. Et que Lucio avait pris toute la place.

C'est une histoire d'amour dramatique qui se dessine parallèlement à une ascension vertigineuse au sommet des étoiles. Alys abuse continuellement de ses forces dans les années 1940 : en réussissant une carrière internationale, elle se mesure à l'homme qu'elle aime et le dépasse en même temps. Lucio s'est tourné vers les bras d'une autre.

Alys, qui a développé une mémoire exceptionnelle pour tant de détails de sa vie, est complètement perdue lorsqu'on l'interroge sur cette période de sa vie. C'est là que les recherches ont été les plus difficiles. Cette période qui couvre les années 1946-1947 demeure nébuleuse. J'ai longtemps cherché un mystère, suivi des pistes qui n'aboutissaient jamais, jusqu'au jour où j'ai appris la rupture avec Lucio.

Alys Robi n'a jamais voulu admettre sa rupture et je crois qu'elle ne l'a pas encore admise. Est-ce que ce chagrin d'amour explique le drame qu'a vécu Alys Robi? Est-ce que l'amour peut tout expliquer dans la vie? L'amour, c'est à mon sens la manifestation de ce que l'on est. Alys a aimé avec ses forces et sa fragilité bien cachée. Son amour du public était et demeure aussi essentiel que l'amour qu'elle pouvait donner à l'homme de sa vie. Mais tout son monde intérieur s'est écroulé entre 1946 et 1947 : même le rêve à Hollywood n'avait plus de sens pour elle pendant que tous ses admirateurs québécois suivaient son envolée vers les étoiles. L'oiseau avait déjà perdu ses ailes.

Alys était victime de ses contradictions, de trop de luttes que se disputaient ses personnages à l'intérieur d'elle. Cette blessure fut provoquée par les incessants combats entre Alys Robi et Alice Robitaille. Ce fut insupportable parce que ni l'une ni l'autre ne lâchait prise. Alys n'était plus qu'une spectatrice de ses propres combats.

Elle voulut regagner la maison, c'était son plus vif désir, et retrouver la chaleur de la famille, guérir, oublier. Mais elle eut peur de montrer ses plaies à la famille. Elle eut peur aussi de les montrer à son public. Il lui fallait conserver son image d'artiste forte, rassurer les siens. Ne pas dépérir publiquement. Non ! il fallait se cacher dans un sanatorium, une maison de repos pour gens biens, pour les stars.

Et c'est ainsi qu'Alys amorça sa descente aux enfers. Suivre Alys jusque-là, c'est périlleux. C'était la zone interdite à laquelle je n'avais pas accès. J'ai suivi Alys par la voie de l'émotion pendant la plus pénible période de sa vie. C'était d'ailleurs la seule voie à suivre. Tout ce qui reste d'un internement de quatre ans et neuf mois subi à l'hôpital psychiatrique Saint-Michel-Archange, c'est un document de onze pages que garde sous clef Alys Robi. Et je crois bien qu'elle ne laissera personne consulter ce document de son vivant. Est-ce que ce document pourrait jeter de la lumière sur une zone obscure de la vie d'Alys Robi? Probablement. On en sait déjà suffisamment pour reconnaître la blessure et interroger non pas la patiente mais la raison d'être d'une institution psychiatrique et le silence d'une société qui a permis et toléré des actes médicaux qui rappellent la barbarie. Un électrochoc à froid et une lobotomie, c'est rien de moins que de vider le contenu d'un être humain pour ne lui laisser que la peau, les os et un semblant de vie. La désinvolture avec laquelle on traitait la maladie mentale à l'époque des enfants de Duplessis, ne l'oublions pas, constitue le scandale le plus habilement étouffé de notre histoire. On a «interdit», séquestré, interné combien de malades pour des raisons administratives? On a humilié, puni, dépossédé, combien d'êtres inoffensifs dans ces goulags québécois? Qui a permis et approuvé la pratique de la lobotomie dans un État catholique? La lobotomie est une des pires atteintes à la liberté de l'homme inventées par l'homme.

Plutôt que de se moquer d'une femme victime des traitements barbares d'hommes de science, on aurait pu interroger et remettre en question les pratiques médicales douteuses de l'époque. Ce sont ces barbares, ces gardiens de la sécurité déguisés en infirmiers, ces militaires déguisés en administrateurs, ces chercheurs scientifiques déguisés en praticiens qu'il fallait pointer du doigt, et non pas leur victime.

Comment réagissait la malade à l'intérieur de leurs murs ? Il me paraît indécent, ignoble de raconter les comportements des usagers d'un institut psychiatrique sous l'effet de tant de médicaments, des traitements chocs qui provoquent autant de délires et de crises. J'ai préféré demeurer à la porte de l'institut et attendre le relâchement, la « libération » comme l'écrivait Alys dans *Un long cri dans la nuit.*

Le passage dans cet institut et la lobotomie qui a été pratiquée sur elle ont détruit la carrière d'Alys Robi et beaucoup plus. Je n'ai jamais compris sa résignation après cette descente aux enfers, cette séquestration beaucoup trop longue. Je n'ai jamais compris qu'elle n'ait pas exigé un dédommagement de la part de la société après sa sortie de l'hôpital ou qu'elle n'ait pas entrepris une démarche qui pourrait s'inspirer du recours collectif des enfants de Duplessis. Elle raconte dans ses ouvrages qu'un politicien bien en vue est intervenu pour accélérer sa libération de l'hôpital. Belle initiative qui illustre éloquemment le mode de gestion des hôpitaux psychiatriques de l'époque.

Je crois qu'Alys fut trop heureuse d'être libérée pour entreprendre quelque démarche que ce soit contre l'institut. Il ne faut pas minimiser le fait que le retour d'Alys à l'intérieur de la société et sur scène constitue déjà un véritable miracle après toutes ces années dans l'abîme.

Le courage dont elle a fait preuve par la suite pour rebâtir sa vie à partir d'un néant de près de cinq ans a suscité l'admiration des gens de bonne foi. D'autres n'ont pas compris et lui ont inventé une autre vie. Une biographie, ce n'est qu'une vision, qu'un regard posé sur quelqu'un dont les véritables dimensions nous échappent. Et pendant tout ce temps que nous avons mis à parcourir le chemin d'une vie, ensemble, Alys Robi n'a jamais cessé d'être grande.

Et en son honneur, je porterai fleur d'Alys au cœur.

— *Allez on ferme !*

Le jour s'annonce et il faudra passer bientôt de l'autre côté de la nuit, de l'autre côté de la vie. Il nous faudra quitter le monde des songes et des ombres. Un homme pousse avec son balai les restes de la fête et je remarque sur le plancher des masques, des bâtons de rouge à lèvres et des serpentins emmêlés dans la poussière. Le pianiste cherche péniblement son verre pourtant placé juste devant lui. Il regarde dans le vide et attend je ne sais quoi.

L'album d'Alys Robi est ouvert à la dernière page sur mes genoux. En une nuit, j'ai tourné toutes les images de sa vie. Une vie dans une nuit qui commence dans un chant de coton et qui se termine dans un club sans nom, sans adresse. Des images tournées si vite que je n'ai vu que du cinéma. Du cinéma muet dans la basse-ville de Québec quand tous les personnages se taisaient en courbant le dos. Du cinéma en couleurs quand Alys arrive à Montréal. Du cinémascope quand elle regarde, par la fenêtre de l'avion, tous les feux d'Hollywood. Du cinéma-vérité quand Alys Robi éteint ses feux dans l'abîme de ses rêves qui prend la forme d'un cachot d'hôpital. Du cinéma fiction quand d'autres lui inventent sa vie.

Du cinéma qui tourne encore et encore dans ma tête alors que nous vivons les derniers sursis de la nuit. Je vois encore les images de l'enfance : les traits toujours flous du père d'Alys presque caché

253

derrière elle, le visage d'un ange qui ressemble à Gérard, les yeux si petits d'Albertine et si grands d'Alys, déjà prête à dévorer la vie. Des portraits de famille jaunis, une photo d'Alys prises dans un studio de New York avec la mention « Sincerly Yours Alys Robi, 1947 ». C'est un Américain qui la possède depuis ce temps et qui la conserve dans son album de souvenirs.

Alys reprend ses bottes et son manteau, mes bras sont chargés d'une dizaine d'albums et, au moment où nous allons franchir la porte, le pianiste retrouve son verre, s'anime, et joue à nouveau Summertime.

Ma décision est précise, je veux écrire une biographie sur Alys Robi. Je ne sais pas comment je m'y prendrai. Je ne sais pas comment je trouverai les mille mots de chaque image. Je ne sais pas si je pourrai réveiller les morts et le passé. Mais je sais que je l'écrirai en me rappelant cette nuit passée de l'autre côté de la vie. De ce côté obscur de la vie, où l'on voit les vraies choses, les vrais visages et où on ne se laisse plus tromper par les fausses apparences, les images fabriquées et d'autres masques, ceux-là que les hommes portent pour vivre. Ceux qu'on leur impose. Ceux qu'on porte dès le lever du jour.

Summertime and the living is easy

Summertime, *c'est l'enfance de l'Amérique. C'est l'enfance d'Alice Robitaille, l'été de sa vie sur les Plaines d'Abraham...*

J'ai trouvé ! C'est avec une chanson que je vais entreprendre mon livre. Une chanson, c'est parfois tout ce qui reste après l'amour. Une chanson, c'est encore la magie qui demeure en nous, dans les oreilles et le cœur. Une chanson c'est une vie en cinq minutes comme Alys en cinémascope. *Une chanson, c'est mon histoire d'Alys Robi.*

*

Le pianiste a fermé lourdement son piano, les lumières du bar allumées brusquement nous aveuglent. Il nous faut quitter les lieux. L'homme pousse toujours avec son balai les restes de la fête et je remarque encore un masque en plastique, ce bâton de rouge à lèvres, ces confettis et ces serpentins. J'ai tellement peur que le jour se lève et que la magie disparaisse.

À l'extérieur de la boîte, Montréal sombre dans une profonde léthargie. Quelle heure peut-il bien être? Trois heures, quatre heures? Personne ne sait. Les aiguilles ont cessé de bouger depuis un bon moment. Nous sommes dans la rue, fouettés par un vent froid. Le silence de la ville est brisé par le bruit de fêtards qui hurlent au bout de la rue.

Ce soir-là, nous avions fait le tour d'une vie sans avoir fait le tour du cadran. Les sorcières de l'Halloween nous avaient protégés et nous avaient maintenus en dehors du temps. C'était une nuit qui n'allait jamais finir.

Et si j'écrivais la vie d'Alys Robi... et celle d'Alice Robitaille, qui restera toujours le plus grand fan d'Alys Robi...

TABLE DES MATIÈRES

Chapitre 1
L'ENFANT PRODIGE   11
    La lutte   23

Chapitre 2
LE TRAIN DE SES RÊVES   37
    Le départ de Québec   37
    Le National   42

Chapitre 3
LE PREMIER AMOUR   51
    Faire carrière à Montréal   56

Chapitre 4
LES DRAMATIQUES ANNÉES 1940   59
    La guerre   63
    La radio des années 1940   65
    Lucio Agostini   68
    Toronto   72
    1944   74
    Les Québécois à l'étranger   75
    Alys à New York   80
    Peer et l'Europe   81
    Le Mexique   86
    Hollywood   89
    Ça atomiqu't'y ?   91
    À New York... Fin de la guerre...   94

Une vache sort de l'enclos 95
Québec international 97
La télévision en Angleterre 101

Chapitre 5
LA GRANDE BLESSURE D'ALYS ROBI 105
Le silence d'Alys 107

Chapitre 6
LA DESCENTE AUX ENFERS 121
Victime de préjugés 125
Contre la drogue 143

Chapitre 7
LA DEUXIÈME CARRIÈRE D'ALYS ROBI 147
Les années 1950 153
L'époux violent 161
L'argent 164
La télévision 178
La victimologie 184

Chapitre 8
LES ANNÉES DE L'OUBLI 199
Les années 1960 199
Les gays 208

Chapitre 9
LA CARRIÈRE DE LA CARRIÈRE 217
Fascination 221
La vraie solitude 235
Les enfants d'Alys 238

Chapitre 10
LA TENTATION DE L'IMPOSSIBLE 243

CET OUVRAGE
A ÉTÉ ACHEVÉ D'IMPRIMER
EN DÉCEMBRE 1994
SUR LES PRESSES DE L'IMPRIMERIE GAGNÉ

LOUISEVILLE (QUÉBEC)

POUR LE COMPTE
DE LEMÉAC ÉDITEUR

DÉPOT LÉGAL
1re ÉDITION: NOVEMBRE 1994
(ÉD. 01/IMP. 03)